"一带一路"列国人物传系

匈牙利11人传
多瑙河上的明珠

王灵桂◎编著

五洲传播出版社·北京
China Intercontinental Press

图书在版编目（CIP）数据

匈牙利11人传：多瑙河上的明珠 / 王灵桂编著.
北京：五洲传播出版社，2024. 9. -- ISBN 978-7-5085-5272-9

Ⅰ．K835.15
中国国家版本馆CIP数据核字第2024XQ1484号

匈牙利11人传：多瑙河上的明珠

编　　著：王灵桂
出 版 人：关　宏
责任编辑：梁　媛　侯琴雅
装帧设计：山谷有鱼
出版发行：五洲传播出版社
地　　址：北京市海淀区北三环中路31号生产力大楼B座6层
邮　　编：100088
发行电话：010-82005927，010-82007837
网　　址：http://www.cicc.org.cn，http://www.thatsbooks.com
印　　刷：北京市房山腾龙印刷厂
版　　次：2024年9月第1版第1次印刷
开　　本：32开
印　　张：9.5
字　　数：130千
定　　价：49.80元

《"一带一路"列国人物传系》编辑委员会

指导单位： 中国文学艺术界联合会
中国社会科学院国家全球战略智库

编委会： 主　任：王　丽
副主任：唐得阳　王灵桂

委　员：

丁闻琦	丁　超	于　青	于福龙	马细谱	王成军
王　丽	王灵桂	王建沂	王春阳	王郦久	王洪起
王宪举	王　渊	文　炜	孔祥琇	石　岚	白明亮
冯玉芝	成　功	朱可人	刘　文	刘思彤	刘铨超
安国君	许文鸿	许烟华	孙钢宏	孙晓玲	苏　秦
杜荣友	李一鸣	李永全	李永庆	李垂发	李玲玲
李贵方	李润南	李嘉慧	余志和	宋　健	张　宁
张　敏	陈小明	邵诗洋	邵逸文	周由强	周　戎
周国长	庞亚楠	胡圣文	姜林晨	贺　颖	贾仁山
高子华	高宏然	唐岫敏	唐得阳	董　鹏	韩同飞
景　峰	程　稀	谢路军	翟文婧	熊友奇	鞠思佳

支持单位： 中国社会科学院俄罗斯东欧中亚研究所
北京融商一带一路法律与商事服务中心

人物画像： 吴泽浩

法律顾问： 北京德恒律师事务所

总　序
群星闪耀"一带一路"

"2100多年前，中国汉代的张骞肩负和平友好使命，两次出使中亚，开启了中国同中亚各国友好交往的大门，开辟出一条横贯东西、连接欧亚的丝绸之路。"[1] 2013年9月7日，中国国家主席习近平在哈萨克斯坦纳扎尔巴耶夫大学发表演讲，以博古通今的睿智对大学生们娓娓道来丝绸之路古老而年轻的故事。

"我的家乡陕西，就位于古丝绸之路的起点。站在这里，回首历史，我仿佛听到了山间回荡的声声驼铃，看到了大漠飘飞的袅袅孤烟。这一切，让我感到十分亲切。哈萨克

---

[1]《习近平谈治国理政》，外文出版社，2014年10月第1版，第287页。

斯坦这片土地，是古丝绸之路经过的地方，曾经为沟通东西方文明，促进不同民族、不同文化相互交流和合作作出过重要贡献。东西方使节、商队、游客、学者、工匠川流不息，沿途各国互通有无、互学互鉴，共同推动了人类文明进步。""不同种族、不同信仰、不同文化背景的国家完全可以共享和平，共同发展。这是古丝绸之路留给我们的宝贵启示。""为了使我们欧亚各国经济联系更加紧密、相互合作更加深入、发展空间更加广阔，我们可以用创新的合作模式，共同建设'丝绸之路经济带'。"[1] 推己及人，高瞻远瞩，引领时代，习近平主席在阿斯塔纳[2]通过哈萨克斯坦人民，首次向世界发出了让古老的丝路精神再次焕发青春和光彩的时代宣言。

2013年10月3日，习近平主席在印度尼西亚国会发表了题为《共同建设二十一世纪"海上丝绸之路"》的演讲："东南亚地区自古以来就是'海上丝绸之路'的重要枢纽，

---

[1]《习近平谈治国理政》，外文出版社，2014年10月第1版，第287、288、289页。

[2] 哈萨克斯坦新首都名称。

中国愿同东盟国家加强海上合作，使用好中国政府设立的中国—东盟海上合作基金，发展好海洋合作伙伴关系，共同建设21世纪'海上丝绸之路'"，"发挥各自优势，实现多元共生、包容共进，共同造福于本地区人民和世界各国人民"。[1]这个倡议和9月7日的演讲异曲同工、遥相呼应、互为映衬，完整地提出了"丝绸之路经济带"和"21世纪海上丝绸之路"的宏伟构想。

从广袤的亚欧腹地哈萨克斯坦到风光旖旎的印度尼西亚，习近平主席提出的"丝绸之路经济带"和"21世纪海上丝绸之路"吸引了世界各国的目光。从2013年9月至2016年8月，习近平主席出访37个国家（亚洲18国、欧洲9国、非洲3国、拉美4国、大洋洲3国），对"一带一路"倡议的总体框架和基本内涵作了充分阐述。和平合作、开放包容、互学互鉴、互利共赢的丝路精神，共商、共建、共享的合作理念，驱散了"去全球化"的阴霾，为增长低

---

[1]《习近平谈治国理政》，外文出版社，2014年10月第1版，第293、295页。

迷的世界经济注入新的动能。各国纷纷将本国经济发展与中国政府制定的《推动共建丝绸之路经济带和21世纪海上丝绸之路的愿景与行动》规划相衔接。"一带一路"倡导的政策沟通、设施联通、贸易畅通、资金融通、民心相通等"五通",正在以基础设施、经贸合作、产业投资、能源资源、金融支撑、人文交流、生态环保、海洋合作等为载体和依托,在全球掀起了投资兴业、互联互通、技术创新、产能合作的新势头。2016年中国牵头成立有57个成员国加入的亚洲基础设施投资银行(AIIB),2017年3月23日迎来13个新伙伴。孟加拉配电系统升级扩容项目、印尼全国棚户区改造项目、巴基斯坦国家高速公路项目和塔吉克斯坦杜尚别至乌兹别克斯坦道路改造项目已经获得亚投行金融支持,共商共建成为现实。

"一带一路"倡议得到国际社会的热烈响应。2016年11月17日,第71届联合国大会193个成员国一致赞同,通过了第A/71/9号决议,欢迎"一带一路"倡议,敦促各国通过参与"一带一路",呼吁国际社会为开展"一带一路"建设提供安全保障环境。2017年3月17日,联合国安理会全票赞成，一致通过第 2344 号决议，呼吁国际社会凝聚援助阿富汗共识，通过"一带一路"建设等加强区域经济合作，敦促各方为"一带一路"建设提供安全保障环境。

2017 年 1 月，习近平主席在联合国日内瓦总部发表题为《共同构建人类命运共同体》的重要演讲，全面深入系统阐述人类命运共同体重大理念，在国际上引起热烈反响，受到各方普遍欢迎和高度评价。3 月 23 日，联合国人权理事会第 34 次会议通过关于"经济、社会、文化权利"和"粮食权"两个决议，决议明确表示要通过"一带一路"建设"构建人类命运共同体"。这是人类命运共同体重大理念首次载入人权理事会决议，标志着这一理念成为国际人权话语体系的重要组成部分。2017 年 5 月，北京喜迎来自"一带一路"相关国家的元首、政府首脑、前政要，以及国际组织负责人，还有专家学者和知名企业家等各界代表上千人，出席"'一带一路'国际合作高峰论坛"，共商沿线各国之合作共赢大计。

"一带一路"不是中国的独角戏，是与亚、欧、非洲及世界各国共同奏响的交响乐。中国恪守联合国宪章的宗旨和原则,坚持开放合作、和谐包容、政策沟通,培育政治互信,建立合作共识,协调发展战略,促进贸易便利化及多边合作体制机制。中国携手100多个国家和地区,依托国际大通道,以陆上沿线中心城市为支撑,以重点经贸产业园区为合作平台,共同打造新亚欧大陆桥、中蒙俄、中国—中亚—西亚、中巴、孟中印缅、中国—中南半岛等国际经济合作走廊进展顺利,中欧班列在贸易畅通上动力强劲,风景亮丽;以海上重点港口为节点,共同建设通畅安全高效的运输通道,实现陆海路径的紧密关联和合作,太平洋、印度洋、大西洋上巨轮往来频繁,不亦乐乎。亚太经合组织、亚欧会议、大湄公河次区域合作等有关决议或文件,都体现了"一带一路"建设内容。丝路基金、开发性金融、供应链金融汇聚全球财富,建设绿色、健康、智慧与和平的丝绸之路,增进各国民众福祉。

"一带一路"是人类历史上从未有过的恢宏蓝图,也是横跨亚非欧连接世界各国的暖心红线。"丝绸之路经济带"包括中国经中亚、俄罗斯至欧洲(波罗的海),中国经中亚、西亚至波斯湾、地中海,中国至东南亚、南亚、印度洋;

"21世纪海上丝绸之路"包括从中国沿海港口过南海到印度洋，再延伸至欧洲和到南太平洋。一路驼铃声声、舟楫相望，互通有无、友好交往。

在新的时代，在创新古丝路精神的伟大进程中，习近平主席专门缅怀丝路开拓者，特意致敬古丝路精神奠基人："我们的祖先在大漠戈壁上'驰命走驿，不绝于时月'，在汪洋大海中'云帆高张，昼夜星驰'，走在了古代世界各民族友好交往的前列。甘英、郑和、伊本·白图泰是我们熟悉的中阿交流友好使者。丝绸之路把中国的造纸术、火药、印刷术、指南针经阿拉伯地区传播到欧洲，又把阿拉伯的天文、历法、医药介绍到中国，在文明交流互鉴史上写下了重要篇章。千百年来，丝绸之路承载的和平合作、开放包容、互学互鉴、互利共赢精神薪火相传。"[1]这种吃水不忘挖井人的情怀，再次展现了中华民族不忘历史、纪念先贤、展望未来的优秀文化基因，也为中国传记文学学会参加"一带一路"建设指明了方向和道路。

---

[1]习近平：《弘扬丝路精神 深化中阿合作——在中阿合作论坛第六届部长级会议开幕式上的讲话》，《人民日报》2014年6月6日。

在古老的丝绸之路上，我们不曾相忘：张骞出使西域到过的哈萨克斯坦，山高水长的好邻居巴基斯坦，双头鹰下横跨欧亚之国俄罗斯，草原之国蒙古，喜马拉雅浮世天堂尼泊尔，菩提恒河保佑之国印度，文化瑰宝伊朗，首创法典之国伊拉克，红海门户之国也门，石油王国沙特阿拉伯，波斯湾明珠巴林，雪松之国黎巴嫩，海湾之秀科威特，沙漠之巅阿联酋，半岛明珠之国卡塔尔，波斯湾霍尔木兹海峡守门人阿曼，万湖之国白俄罗斯，欧亚十字路口土耳其，流着奶和蜜之地以色列，欧洲粮仓乌克兰，亚平宁半岛上的文化巅峰意大利，阿尔卑斯之巅的瑞士，玫瑰之国保加利亚，与灵魂对话的思辨之国德意志，欧洲文化殿堂法兰西，欧洲客厅比利时，郁金香之国荷兰，热情如火的西班牙，还有绅士国度英国，北非金字塔之国埃及，非洲屋脊奉马蹄莲为国花的埃塞俄比亚，香草大岛之国马达加斯加，等等。

沿着海上丝绸之路，我们会领略丛林花园之国马来西亚，花园国度新加坡，千岛之国菲律宾，赤道翡翠之国印度尼西亚；沿澜沧江一路南下，我们不曾相忘澜湄泽润之国越南，千佛之国泰国，高棉的微笑之国柬埔寨，万象之都老挝，印度洋上明珠之国斯里兰卡，印度洋上的明星和钥匙毛里求斯，堆金积玉之国文莱，追求自由之国东帝汶，印度洋世外桃源马尔代夫，骑在羊背上的国家澳大利亚，上帝的后花园新西兰，等等。

"一带一路"沿线国家里，那些千百年来影响了人类与国家、民族命运并与中国曾经有过交往的古今人物，至今还能在教科书、影视剧里看到他们，还能感受到他们在一代一代年轻人身上所生发的影响和魅力。

当然，对于中国人来说，更为熟悉的是丝绸之路的开拓者。曾记否？丝绸之路开拓者中，有汉武帝和他的使节们，有首开大唐盛世的唐太宗及其无数臣民，有再续睦邻通商航海路的宋祖朝廷和无数先贤，还有金戈铁马风漫卷的元代人物，一统江山万里帆的明代人物，环球凉热自清浊的清代人物，东西碰撞溅火花的近代人物，经受风雨变迁、勇立海国之志的现代人物，更有丝路明珠敦煌莫高窟的守护者，卫国助邻的将军和通司中外的外交家们。当然，数风流人物，还看今朝，我们不能不浓墨重彩地讴歌那些智通商海，投身到新丝路建设中的当代人物。

耕云播雨，香火延续，智慧传承，历史再续！2100多年的友好交往历史从未隔断，惠及三大洲的中西交通从未停歇，21世纪的"中国梦"和"世界梦"汇成了人类命运共同体的时代和弦，响彻在"一带一路"辽阔的长空。也正因如此，在2023年的金秋时节，习近平主席同来自五洲四海的新老朋友相聚北京，共同出席第三届"一带一路"国际合作高峰论坛。世界的目光再次聚焦北京、聚焦中国。10年来，在各方的共同努力下，共建"一带一路"从中国倡议走向国际实践，从理念转化为行动，从愿景转变为现实，从谋篇布局的"大写意"到精耕细作的"工笔画"，取得实打实、沉甸甸的成就，成为深受欢迎的国际公共产品和国际合作平台。"一带一路"合作从亚欧大陆延伸到非洲和拉美，150多个国家、30多个国际组织签署共建"一带一路"合作文件，举办3届"一带一路"国际合作高峰论坛，成立了20多个专业领域多边合作平台。[1]这是中华

---

[1]《习近平在第三届"一带一路"国际合作高峰论坛开幕式上的主旨演讲（全文）》，2023年10月18日，https://www.gov.cn/yaowen/liebiao/202310/content_6909882.htm。

民族和世界历史上都应该铭记的大日子。

"一带一路"沿线国家拥有各自悠久的历史和丰富的文化传统，从古到今，涌现出了许多令人钦佩的人物，他们的成就在促进不同文化之间的民心相通方面发挥了重要作用，他们的贡献有助于加深各国人民之间的理解和合作。以人物传记写作为己任的中国传记文学学会，在"一带一路"倡议实施中，肩负"讲好'一带一路'民心相通好故事"的使命和责任，这也是国家赋予我们的根本职责和任务。在中国文学艺术界联合会的领导下，在中国社会科学院国家全球战略智库指导下，中国传记文学学会以赤诚的家国情怀、强烈的时代精神、为人物传记的责任担当，在认真调研、周密谋划、精心组织基础上，毅然决定倾注全力组织编写、筹资出版"'一带一路'列国人物传系"。此皇皇百卷传系讲述近千名各国卓越人物故事，集数百位专家作家尽心挥毫，冬去春来，夜以继日……幸得各界人士倾力赞助，又得中国出版集团公司华文出版社、当代世界出版社、五洲传播出版社出版发行。于是，各位读者得以读到手中的这套活泼而不失厚重、有趣而不失学养的列国人物合传书卷。

孔子曰:"仁者,人也。"让各国的先贤智者的思想光辉,照亮我们探索人类未来的道路。

传记明志,落笔为文,是为总序。

中国传记文学学会会长

"'一带一路'列国人物传系"编委会主任

王丽　博士

2023 年 10 月 18 日

Introduction: The Star-studded "Belt and Road"

On September 7, 2013, Chinese President Xi Jinping delivered a speech at Kazakhstan's Nazarbayev University, telling college students the ancient yet up to date stories of the Silk Road with well-versed wisdom.

"More than 2,100 years ago during the Han Dynasty (206 BC-220AD), a Chinese envoy named Zhang Qian was sent to Central Asia twice on missions of peace and friendship. His journeys opened the door to friendly contacts between China and Central Asian countries, and started the Silk Road linking east and west, Asia and Europe.

Shaanxi, my home province, is right at the starting point of the ancient Silk Road. Today, as I stand here and look back at that history, I seem to hear the camel bells echoing in the mountains and see the wisp of smoke rising from the desert, and this gives me a specially good feeling.

Kazakhstan, located on the ancient Silk Road, has made an important contribution to the exchanges between the Eastern and Western civilizations and the interactions and cooperation between various nations and cultures. This land has borne witness to a steady stream of envoys, caravans, travelers, scholars and artisans traveling between the East and the West. The exchanges and mutual learning thus made possible promoted the progress of human civilization." [1]

"Countries of different races, beliefs and cultural backgrounds are fully able to share peace and development. This is the valuable inspiration we have drawn from the ancient Silk Road," [2] and "to forge closer economic ties, deepen cooperation and expand

---

[1] *Xi Jinping: The Governance of China.* 1st ed., Foreign Languages Press, Beijing, October 2014, p.311.

[2] *Xi Jinping: The Governance of China.* 1st ed., Foreign Languages Press, Beijing, October 2014, p.312.

development space in the Eurasian region, we should take an innovative approach and jointly build an economic belt along the Silk Road." [1]

With caring, vision and leadership, through the people of Kazakhstan in Astana, President Xi Jinping, for the first time, has made a declaration to the world that would rejuvenate the spirit of the ancient Silk Road.

On October 3, 2013, President Xi Jinping gave a speech titled "Work Together to Build a 21st-century Maritime Silk Road" at the People's Representative Council of Indonesia.

"Southeast Asia has since ancient times been an important hub along the ancient Maritime Silk Road. China will strengthen maritime cooperation with the ASEAN countries, and the China-ASEAN Maritime Cooperation Fund set up by the Chinese government should be used to develop maritime partnership in a joint effort to build the 'Maritime Silk Road' of the 21st century." [2] And "the two

---

[1] *Xi Jinping: The Governance of China*. 1st ed., Foreign Languages Press, Beijing, October 2014, p.313.

[2] *Xi Jinping: The Governance of China*. 1st ed., Foreign Languages Press, Beijing, October 2014, p.317.

sides need to give full rein to our respective strengths to enhance diversity, harmony, inclusiveness and common progress in our region for the benefit of both our people and the people outside the region." [1]

This initiative and the speech on September 7 both express the same idea and echo with each other, completing a grand vision of the "Silk Road Economic Belt" and the "21st Century Maritime Silk Road".

From Kazakhstan in the vast Eurasian hinterland to the beautiful scenery of Indonesia, Xi Jinping's proposed "Silk Road Economic Belt" and "21st Century Maritime Silk Road" have attracted the attention of countries all over the world. From September 2013 to August 2016, Xi visited 37 countries (18 in Asia, 9 in Europe, 3 in Africa, 4 in Latin America and 3 in Oceania), and fully elaborated on the overall framework and basic connotation of the "Belt and Road" initiative. The Silk Road spirit

---

[1] *Xi Jinping: The Governance of China.* 1st ed., Foreign Languages Press, Beijing, October 2014, p.319.

of peace and cooperation, openness and inclusiveness, mutual learning, and mutual benefit, combined with the idea that projects should be jointly built through consultation to meet the interests of all, dispels the haze of "de-globalization" and injects new kinetic energy into the sluggish growth of the world economy. Many countries have linked up their own economic development to the "Vision and proposed actions outlined on jointly building Silk Road Economic Belt and 21st- Century Maritime Silk Road" proposed by the Chinese government.

The "Belt and Road" initiative advocates policy coordination, facilities connectivity, unimpeded trade, financial integration, and people-to-people bond. With the emphasis on infrastructure build-up, economic and trade cooperation, industrial investment, energy resources development, financial support, people-to-people exchanges, ecological environmental protection, and marine cooperation, the initiative has set off a new momentum in investment, trade activity, technological innovation, and production capacity cooperation in the world. In 2016, China led the establishment of the Asian Infrastructure Investment Bank (AIIB), which was joined by 57 member states. As of June 26, 2018, after six expansions, the total number of members increased to 87, and 28 projects had been carried out in 13 countries. The Bangladesh Power Distribution System Upgrade Expansion Project, the Indonesia National Shanty Town Transformation Project, the Pakistan National Highway Project and the Tajikistan Dushanbe-Uzbekistan Border Road Improvement Project have received financial support from the AIIB. The idea of joint project implementation through consultation to meet the interests of all has since turned into reality.

The "Belt and Road" initiative has drawn strong and positive feedback from the international community. On November 17, 2016, the 71st session of the 193 members of the United Nations General Assembly unanimously endorsed the adoption of resolution A/71/9 to welcome the "Belt and Road" proposal, encouraging all of its member states to boost economic development of Afghanistan and the region through participation in the proposed project. In addition, it called on the international community to provide a safe and secure environment for the implementation of the initiative. On March 17, 2017, the United Nations Security Council voted unanimously to adopt resolution NO. 2344, and called on the international community to rally assistance to Afghanistan, and strengthen regional economic cooperation through the "Belt and Road" initiative, etc. It also urged all parties to provide a safe and secured environment for carrying out the program.

In January 2017, President Xi Jinping delivered a keynote speech at the United Nations Office at Geneva titled "Work Together to Build a Community of Shared Future for Mankind", comprehensively and systematically elucidated the fundamental idea of a community with a shared future for mankind, which echoed enthusiastically in the international community and was widely welcomed and highly applauded by many countries, organizations and political parties. At its 34th meeting, on March 23, the United Nations Human Rights Council adopted two resolutions on "economic, social and cultural rights" and "the right to food", which clearly stated the need to "build a community with a shared future for mankind". This is the first time the landmark concept of a community with a shared future for mankind has been incorporated into a UN Human Rights Council resolution, and it has become an important part of the international human rights discourse system.

The "Belt and Road" is not a solo play by China only, but a symphony played in concert with Asia, Europe, Africa and countries around the world. China abides by the purposes and principles of the UN Charter, advocates openness and cooperation, espouses harmony and inclusiveness, supports policy coordination, fosters political mutual trust, builds consensus on cooperation, coordinates development strategies and promotes trade facilitation and the institutional mechanisms of multilateral cooperation. China has joined hands with more than 100 countries and regions to co- create a new Eurasian continental bridge. This has been accomplished by taking advantage of international transport routes that are supportive of the central cities along the "Belt and Road", and building key economic and trade industrial parks as a platform for cooperation. China-Mongolia-Russia, China-Central Asia-West Asia, China-Pakistan, Bangladesh-China-India-Myanmar, China-Indochina Peninsula and other international economic cooperation corridors are progressing smoothly. China Railway Express accentuates trade and shipping overland between China and Europe with a bright future. Meanwhile, key sea ports also serve as the nodes to jointly build a smooth, safe and efficient transportation network, and hence enables a close connection between land and sea routes. Together with the overland cargo train transportation, the frequent cargo ships sailing on the Pacific, Indian and Atlantic Oceans poses an amazing picture. In summary, the relevant resolutions or documents of the Asia-Pacific Economic Cooperation, the Asia-Europe Meeting, and the Greater Mekong Subregion Economic Cooperation program all embody the "Belt and Road" initiative. By bringing together the world's wealth, Silk Road Fund, development finance, and supply chain finance strive to build a green, healthy, intelligent and peaceful Silk Road, and enhance the well-being of people around the globe.

The "Belt and Road" is a grand blueprint that has never been seen in human history. It is also a warm heart line that connects Asia, Africa and Europe to countries around the world. The Silk Road Economic Belt includes China via Central Asia, Russia to Europe (Baltic Sea), China via Central Asia, West Asia to the Persian Gulf, the Mediterranean Sea, China to Southeast Asia, South Asia, and the Indian Ocean; the 21st Century Maritime Silk Road includes from China's coastal ports to the South China Sea as well as the Indian Ocean that extends to Europe and the South Pacific. Friendly exchanges among countries are just a camel-ride and a boat trip away from each other.

In this new era and the great course of renovating the spirit of the ancient Silk Road, President Xi Jinping dedicated to cherish the pioneers of the Silk Road and particularly pay tribute to the founders of the spirit of the ancient Silk Road:

"In ancient times, our ancestors struggled through deserts and sailed in boundless seas to transport Chinese products to countries overseas, taking a lead in international friendly contact. Along that path, Kan Ying, Zheng He and Ibn Battuta were all known as envoys of this China-Arab friendship. Through the Silk Road, Chinese inventions like paper-making, gunpowder, printing and the magnetic compass were spread to Europe, and Arabic conceptions like astronomy, the calendar and medicine were introduced to China.

For hundreds of years, the spirit that the Silk Road bears, namely, peace and cooperation, openness and inclusiveness, mutual learning, mutual benefits and win-win results, has lived on through generations." [1]

There is a Chinese saying that when you drink the water, think of those who dug the well. The implication that the Chinese people never forget history is clearly demonstrated in our excellent

---

[1] Xi Jinping, "Promoting the Silk Road Spirit and Deepening China-Arab Cooperation." Key Note Speech at the Opening Ceremony of the 6th Ministerial Meeting of the China-Arab States Cooperation Forum, section one, People's Daily, June 6, 2014.

cultural tradition of commemorating the sages and at the same time looking forward to the future. It also points out the direction and path for the Chinese Biographical Literature Society to participate in the "Belt and Road" initiative.

On the ancient Silk Road, we have never forgotten Zhang Qian's twice diplomatic missions to the western regions in Han Dynasty that include Kazakhstan, the good neighbor Pakistan with high mountains and beautiful rivers, the double-headed eagle across Eurasian country Russia, grassland country Mongolia, Himalaya floating paradise Nepal, Bodhi Ganges blessed country India, cultural treasure Iran, the first Codex System member country Iraq, Red Sea gateway Yemen, oil kingdom Saudi Arabia, the Persian Gulf pearl Bahrain, cedar country Lebanon, Gulf Star Kuwait, desert peak UAE, the Peninsula pearl Qatar, and Oman—the gatekeeper of Hormuz Strait at Persian Gulf, thousand-lake country Belarus, Turkey at the Eurasian crossroads, Israel—a land flowing with milk and honey, Ukraine of European granary, Italy—the cultural pinnacle of Apennines, Switzerland at the top of Alpine, rose country Bulgaria, and Germany, a nation famous for great thinkers, France, the center of the European culture, the welcoming and comfortable Belgium, tulip country Netherlands, the warm and sunny Spain, as well as the elegant Britain, pyramid country Egypt in North Africa, Ethiopia on the roof of Africa with the national flower of calla lily, the great Vanilla Island country Madagascar, and so on.

Along the Maritime Silk Road, we will come across Malaysia, the country of jungle gardens, garden country Singapore, the Thousand Islands country Philippines, and Indonesia, an emerald on the equator line. Down the Lancang-Mekong River all the way south, we will experience Vietnam whose land moistened by the Lancang-Mekong River, Thailand, the country of thousand Buddhas, the smiling country of Khmer Cambodia, and Laos, the "Land of a Million Elephants". On the Indian Ocean, we will also see the ocean pearl Sri Lanka, the ocean star Mauritius, the rich and abundant Brunei, the freedom seeker East Timor, the idyllic Maldives, and Australia, a country on the back of the sheep, New

Zealand, the back garden of God, and so on.

In the countries along the Belt and Road, those ancient and modern figures who have influenced the destiny of mankind, countries and nations for thousands of years and had dealings with China are still seen in today's textbooks, movies and television dramas. Their influence and charm are still felt by generations of young people.

Certainly, for the Chinese people, we are more familiar with the pioneers of the Silk Road. Have we ever remembered? Among the trail blazers of the Silk Road were Emperor Wu of Han Dynasty and his envoys, Emperor Li Shimin, the co-founder of the Tang Dynasty that epitomized a golden age and his countless subjects, the Song imperial court and numerous sages who continued good-neighbor practice and friendly maritime navigation, as well as the Yuan Dynasty warriors who led armored cavalry with shining spears, the Ming Dynasty figures who unified the country, and the Qing Dynasty characters who maintained a clear mind during global turmoil, as well as the modern individuals who, by learning from both the west and the east in a time of rapid change, had the courage to build a sea power nation. There were also the guardians of Dunhuang Mogao Grottoes known as the Silk Road Pearl, the generals who safeguarded the country and helped the neighbors, and the diplomats who convey information and messages between China and foreign countries. Without a doubt, it is our current era that features true heroes. We can not praise highly enough the contemporary people who have been plunging themselves into the development of the new Silk Road.

Hard work pays off, family line continues, wisdom passes on, and history pushes forward! The history of friendly exchanges and traffic between China and the West, which benefits the four continents, for more than 2,100 years has been nonstop. The "Chinese Dream" and "World Dream" in the 21st century have become the chord of our time for humanity's shared future, resounding on the "Belt, and Road." For this reason, in May 2017, Beijing welcomed thousands of leaders from all walks of life, including heads of government, former eminent statesmen, well-known entrepreneurs, distinguished experts and scholars from the "Belt and Road" countries, as well as leaders of international organizations to attend the "International Cooperation Summit Forum." This grand event of "Thousands of people's meeting" shared "solidarity, mutual trust, equality, inclusiveness, mutual learning and win-win cooperation"[1] and exchanged views on this "great undertaking benefiting of the people of all countries along the route."[2] This is a big day that should be remembered in the history of the Chinese nation and the world.

In the implementation of the "Belt and Road" initiative, the Chinese Biographical Literature Society that devotes to biography writing, takes as its the mission "telling the good stories" of the "Belt and Road", which is also the responsibilities entrusted to us

---

[1] Xi Jinping, *Promote Friendship between Our People and Work Together to Build a Bright Future*, Keynote speech at Nazarbayev University in Kazakhstan, September 7, 2013.

[2] Xi Jinping, *Promote Friendship between Our People and Work Together to Build a Bright Future*, Keynote speech at Nazarbayev University in Kazakhstan, September 7, 2013.

by the state.

Under the leadership of the China Federation of Literary and Art Circles and the guidance of the National Global Strategic Think Tank of the Chinese Academy of Social Sciences, the Chinese Biographical Literature Society, with its love for the family and the nation, a keen spirit of the age and the responsibility of writing decent biographies, by careful research, thorough planning and thoughtful organization, made an unwavering decision to devote itself to organizing and publishing the "The Legend of the People along the Belt and Road nations". These brilliant volumes of biographies tell the stories of nearly a thousand national characters, involving laborious work from hundreds of expert writers who had been writing day and night over years. Our gratitude extends to the China Intercontinental Press, for the publication and distribution. Thanks to their generosity and effort, readers now have the opportunity to read the vivid yet serious and interesting yet enlightened biographies of outstanding people from many nations.

Confucius said, "Humanity is of humans ." Let the brilliant

ideas of the wise men of all nations light up our path to explore the future of mankind.

The biographies are written for high ideals. Herein is the introduction.

President of the Chinese Biographical Literature Society

Director of the Editorial Board of

"The Legend of the People along the Belt and Road"

Dr. Wang Li

March 30, 2019

目 录

引 言

01 貌若天仙的魅力皇后
——茜茜公主　　　　　　　013

02 匈牙利共产党的创始人
——库恩·贝拉　　　　　　037

03 民族解放运动领袖
——科苏特·劳约什　　　　055

04 匈牙利伟大的民族英雄
——拉科齐·费伦茨二世　　077

05	匈牙利伟大的爱国诗人 ——裴多菲	095
06	一生坎坷的哲学大师 ——卢卡契·乔治	125
07	钢琴之王 ——李斯特·弗朗茨	143
08	匈牙利伟大的民族作曲家 ——巴托克·贝拉	179
09	不慕虚名的大提琴大师 ——亚诺什·斯塔克	201

10 伟大的计算机之父
——约翰·冯·诺依曼　　　　215

11 超音速空气动力学之父
——冯·卡门　　　　235

后　记　　　　257

引 言

匈牙利，中国古称"马扎儿"，是位于欧洲中部的内陆国家，奔腾的多瑙河蜿蜒流淌过这个美丽的国家，东邻罗马尼亚，南接塞尔维亚，西与奥地利接壤，北与捷克、斯洛伐克、乌克兰为邻。边境线长2246公里，国土总面积约9.3万平方公里，仅比我国重庆的面积大1万多平方公里。官方语言为匈牙利语，大多信奉天主教和基督教。世界银行华经产业研究院数据显示：2019年匈牙利人口总数为976.99万人，人口是上海的一半。目前与2010年人口数据对比，匈牙利近10年人口减少了23.01万人。主要民族为匈牙利族（马扎尔族），占总人口的90%以上。从性别结构来看，2019年匈牙利男性人口数量为464.88万人，占总人口比重的47.58%；女性人口数量为512.11万人，占总人口比重的52.42%。

匈牙利属于大陆温带阔叶林气候。全境以平原为主，山地面积不足 1/5，80% 的国土海拔不足 200 米，属多瑙河中游平原。匈牙利境内重要河流为多瑙河及其支流蒂萨河。包科尼山南麓的巴拉顿湖，为欧洲大陆最大天然淡水湖，面积 596 平方公里，没有海的马扎尔人，将巴拉顿湖称为"匈牙利海"。巴拉顿湖的湖水不是湖蓝色，而是呈现出碧绿的色彩，两岸天气变幻莫测，平静时微波荡漾、掠起涟漪，暴雨来袭时，也会乌云密布、巨浪翻滚。巴拉顿湖水质优异，风光秀丽，其南岸水底平坦，脚底下的泥沙金丝绒一般柔软，是夏季欧洲地区休闲度假的首选地。

匈牙利在距今 35 万年前就有古人类活动。公元前 1 世纪，匈牙利南部地区归属于罗马帝国的潘诺亚行省。后来陆续有外地人迁移到这里。首先到来的是"匈人"，在罗马帝国灭亡时以阿提拉为首，建立了强大的匈帝国。"匈牙利"这个名字可能来源于此。

匈牙利国家的形成起源于东方游牧民族——马扎尔人游牧部落。传统上认为马扎尔人国家是由阿尔帕德大公建立的，他于 9 世纪末带领马扎尔人来到潘诺尼亚平原。匈牙利王国国王伊什特万一世于公元 1000 年获天主教教皇加冕，成为匈牙利第一位国王。1241年到1242年匈牙利王国曾遭到蒙古金帐汗国的攻击,1458年到1490年胡尼奥蒂·马加什统治匈牙利。在他的统治下,匈牙利成为文艺复兴时期欧洲的一个艺术文化中心。1526年遭土耳其入侵,封建国家解体。

1848年匈牙利爆发了科苏特领导的自由革命斗争。1849年4月匈牙利国会通过独立宣言,建立匈牙利共和国。1867年与奥地利组成奥匈帝国。第一次世界大战后奥匈帝国解体,1918年10月31日成立匈牙利民主共和国,次年3月革命后随即垮台,1919年3月建立匈牙利苏维埃共和国,同年8月,恢复了君主立宪的匈牙利王国。

在匈牙利帝国解体后日耳曼部落统治了这里将近100年。

1941年,匈牙利加入德—意—日轴心国集团,1944年德军占领匈牙利。1945年4月,匈牙利在苏联红军帮助下全境解放。1949年宣布成立匈牙利人民共和国。

1989年匈牙利政局发生急剧变化,同年2月,匈牙利社会主义工人党宣布放弃执政党地位,实行多党制。1989年10月,社会主义工人党改名为"社会党",提出建立"民主社会主义"。10月23日,根据宪法修正案,决定将匈牙利人民共和国改称为"匈牙利共和国",实行总统制;确立多党制和议会民主的法治国家。

1999年底通过王冠法,并成立以总统为首的王冠委员会。2012年颁布新宪法,将国名"匈牙利共和国"改为"匈牙利"。

匈牙利国旗呈长方形,长与宽之比为3:2。自上而下由红、白、绿三个平行相等的横长方形相连而成。红色象征爱国者的热血,还象征国家的独立和主权;白色象征和平,代表人民追求自由和光明的美好愿望;绿色象征着匈牙利的繁荣昌盛,象征人民对未来充满信心和希望。匈牙利国徽由一顶王冠和下面的盾牌组成,王冠在上,盾牌在下。王冠象征匈牙利国家,盾牌则代表了勇敢坚强、不屈的民族精神。

自东欧剧变后,匈牙利根据本国国情,研发和生产一些有自己特长的和知识密集型产品,如计算机、通信器材、仪器、化工和医药等;匈牙利农业基础也较好,不仅为国内市场提供丰富的食品,而且注重出口,为国家挣取大量外汇；他们采取各种措施优化投资环境，是中东欧地区人均吸引外资最多的国家之一。匈牙利经济高速发展，匈牙利经济发达，人均生活水平较高，匈牙利已进入发达国家行列。世界银行华经产业研究院数据显示：2019年匈牙利GDP为1609.67亿美元，增速为4.93%，相比2018年增长了30.84亿美元；与2010年GDP数据相比，近10年GDP数据增长了298.32亿美元。2019年匈牙利人均国民总收入为16140美元，相比2018年增长了1380美元；与2010年人均国民总收入相比，近10年人均增长了2950美元。

历史上，因为匈牙利源自亚洲，公元896年，他们的祖先马扎尔游牧部落从乌拉尔山西麓和伏尔加河湾一带移居多瑙河盆地，因此带有东、西两种文化的激烈碰撞的特点，在欧洲历史上居于特殊地位。与西方人名字在前姓氏在后的传统习惯不同，匈牙利人和东方民族一样，把自己的姓氏放在了名字的前头，这种称呼习惯在欧洲国家中是独一无二的。匈牙利族是最具包容精神的民族之一，同时也是一个善于发明的民族，至今共有16位诺贝尔奖获得者属于匈牙利人或者匈牙利裔。

匈牙利的国球是水球，匈牙利男子国家水球队曾在奥运会中多次夺得冠军称号。匈牙利还有很多骄傲的世界第一，1896年，为了庆祝匈牙利人定居欧洲大陆一千周年，在布达佩斯建成了欧洲大陆的第一条地铁，全场只有5公里，共11站，直到现在还在准点运行。而且，世界上第一台彩色电视机、第一支圆珠笔、第一块魔方、第一根火柴都是匈牙利人发明的。

匈牙利虽然资源贫乏，但山河秀美，建筑壮丽和富有特色，这里温泉遍布，气候四季分明，有着独特的魅力与气质，从山川到湖泊、从城市到小镇，每一处风光散发着"金色阳光"般迷人魅力。

匈牙利首都布达佩斯，俗称"多瑙明珠""中欧的巴黎"。布达佩斯是坐落在多瑙河中游的一座美丽城市，它拥有悠久的历史，典雅的建筑，迷人的风光和浪漫的风情，它见证了一个民族的兴起，也经历了无情的战火。布达佩斯是匈牙利的政治、经济、文化中心和最大的城市，是欧洲著名古城，整个城市是世界建筑艺术文化遗产地。多瑙河水从南向北流经这座城市，河的西岸叫作布达，河东地区被

引言

称为佩斯。两岸美景连连,包括左岸的布达皇宫、渔人堡、盖雷尔特山、链子桥以及右岸的国会大楼,它们组成了多瑙河两岸熠熠生辉的美景。尤其是晚上链子桥上万盏灯齐明时,两侧的皇宫和国会大厦就在深沉的夜幕中显得格外雄伟和壮丽。在历史上,布达和佩斯曾经是两座不同的城市,它们隔河相望,各自演绎着不同的风情。直到近代,这两个地区才合并成为一座城市,并以布达佩斯的名字而闻名于世。今天的布达佩斯,在经历了历史的风雨之后,焕发出格外迷人的风情。这里有美丽的风景和典雅的建筑之间,生活着100多万居民。波光粼粼的多瑙河水依旧缓缓地流淌过这座城市,仿佛在倾听着历史和现实交织奏响的优美旋律。

匈牙利是欧洲地区唯一通过立法,严禁转基因产品的国家。匈牙利美食特色是使用简单的菜色调制出美味,以多样化的肉类及鱼类为主,搭配当地丰富盛产的水果、蔬菜及调味料。匈牙利菜主要是以洋葱、番茄和青椒及红椒粉佐色与调味。匈牙利人真的是无辣椒不欢,有名的匈牙利美食,几乎都与辣椒有关。匈牙利的招牌菜古拉什就是一种用大量辣椒粉炖煮的牛肉汤,秋冬季节喝上一碗,真是开胃又暖和。同样有名的哈拉斯雷鱼汤,也是一眼望去红红的,看着就让人有食欲。还有非常美味的肉馅酿辣椒、辣白菜肉卷,都是匈牙利知名的美味,而鱼和山珍在匈牙利食品中也占据着重要位置。著名的匈牙利国菜——土豆烧牛肉。匈牙利人曾是大草原上的游牧民族,习惯食用牛肉,这道菜的传统做法是在草地上支起架子,将大锅吊在架子上,下面点起篝火,将牛肉、土豆、面疙瘩加上辣椒粉、香叶等调料放在一起煮。慢火细熬,香气扑鼻,让人垂涎三尺,其口味很有东方感觉。

美食亦需美酒相伴,匈牙利自古就是葡萄酒生产大国,是葡萄酒之乡。"让托卡伊葡萄枝滴下琼浆的不是别人,正是上帝自己。"这句出自匈牙利国歌的诗句,说的是匈牙利的国酒——托卡伊葡萄酒。这是一种甘甜的白葡萄酒,它弥漫着特殊的果香,色泽金黄,是匈牙利人的骄傲,匈牙利的国宝。自1650年问世以来,一直以其独一无二顶级优质而享誉世界。葡萄酒的王国——法国国王路易十四称其为"酒中之王,王室之酒",几百年来它一直是欧洲王室的贡酒。法国启蒙思想家伏尔泰、歌德及音乐家舒伯特都对托卡伊狂热痴迷。伏尔泰给予托卡伊如此赞美："托卡伊激发我大脑的每一根神经，深入我的心田，点燃智慧的火花和幽默的灵感！"舒伯特曾为其谱写了优美的《托卡伊赞歌》。素不嗜酒的希特勒与其情妇伊娃在自杀之前，亦不忘记最后享受他们那最后一杯托卡伊，托卡伊之无穷魅力由此可见。2002年6月，联合国教科文组织将该酒区（托卡伊产区）列入"世界文化遗产"。还有闻名遐迩的"公牛血"是红酒行家必然不会错过的珍品，由四种葡萄发酵而成，颜色深红如血、口感清爽甘烈，恰如公牛之血。匈牙利人与红葡萄酒有着不解之缘，相传埃格尔人痛饮红葡萄酒后抵御奥斯曼帝国的侵略，致使敌人误认为是喝了牛血誓死拼战，吓得敌人纷纷逃窜。匈牙利可以说到处弥漫着咖啡的香气。大街小巷都能见到各式咖啡馆，无论奢华还是古典，无论现代还是怀旧，同样，一杯咖啡，一份心情，在这悠然的时光中。

匈牙利政治稳定、社会和谐，老百姓生活悠闲、平静、安宁、文明。匈牙利民族是一个很好客、很友善的民族，他们没有过于强烈的排外和歧视情结,尽管学术界并不承认他们就是匈奴的后裔,但民间普遍都说"很久以前,我们和中国人曾经是兄弟"。1949年,中匈两国正式建交,是最早承认新中国的国家之一。自建交以来,两国关系全面发展,领导人互访往来密切。20世纪80年代末90年代初,中匈两国签署互免签证协议,从那时起,大量的中国人来到布达佩斯,追寻自己的淘金梦。在匈牙利的中国人,目前大约有3万名,大都集中在匈牙利首都布达佩斯。华商的努力也推动了中匈贸易的发展,据统计,两国贸易额的1/3是由他们完成的。中国人在匈牙利受到当地人的充分尊重,在这里华人不受歧视和排挤。

匈牙利在欧债危机中是受损最为严重的国家之一,由此,匈牙利开始将注意力转移到东方,特别是中国。尤其在中国提出"一带一路"倡议以来,匈牙利可以说是欧盟中的特立独行者,一直在积极响应。2015年6月匈牙利与中国签署"一带一路"合作备忘录,成为第一个确认加入中国倡导的"一带一路"的欧洲国家。2017年5月13日,国家主席习近平会见来华出席"一带一路"国际合作高峰论坛的匈牙利总理欧尔班,双方共同宣布两国建立全面战略伙伴关系。在"一带一路"建设、"中国—中东欧国家合作"("16+1合作")机制指引和推动下,中国和匈牙利两国高层保持密切交往,经贸、投资、金融、人文等领域合作也是亮点纷呈,两国关系发展处于快车道,并进入了历史最好时期。匈塞铁路项目将为匈牙利联通中国、东南欧、中欧与西欧四大区域提供有力支撑,促进了"一带一路"倡议的设施联通。匈牙利是中国在中东欧地区最大的投资目的国,同时中国也是匈牙利在欧洲以外最大的贸易伙伴国。此外,中匈两国人文交流经久不衰,匈牙利人口不足千万,目前却已拥有四所运行良好的孔子学院。2016年欧洲首个匈中双语学校顺利扩建了高中部,开启了匈牙利汉语教学的"全贯通"时代。中国和中东欧合作的最重要协调机构中国中东欧国家旅游促进机构及企业联合会协调中心在布达佩斯设立。2017年4月23日至27日举办的匈牙利2017中国电影展上,展映了5部优秀中国影片,《功夫瑜伽》首映时,乌拉尼奥国家影剧院座无虚席,一票难求。当地民众反应热烈积极,当地媒体也详细报道了影展情况。"国之交在于民相亲，民相亲在于心相通。"中匈两国人民的友好交往必将更进一步促进两国的友好发展。

匈牙利这颗遗落在多瑙河上的璀璨明珠，虽然是个小国，但在多种文化的冲击和积淀下，这里人杰地灵，孕育了不少世界级名人，本书选取貌若天仙的魅力皇后茜茜公主、钢琴之王李斯特·弗朗茨、匈牙利伟大的爱国诗人裴多菲、匈牙利共产党的创始人库恩·贝拉、民族解放运动领袖科苏特·劳约什、匈牙利伟大的民族英雄拉科齐·费伦茨二世、匈牙利伟大的民族作曲家巴托克·贝拉、一生坎坷的哲学大师卢卡契·乔治、不慕虚名的大提琴大师亚诺什·斯塔克、伟大的计算机之父约翰·冯·诺依曼和超音速空气动力学之父的冯·卡门。让我们一起走进这些伟大人物，去了解一个不一样的匈牙利。

貌若天仙的魅力皇后

——茜茜公主

1955年，一部名为《茜茜公主》的电影风靡全球，影片再现了无忧无虑的茜茜公主在奥地利成为令人艳羡的皇后的经历，在所有人看来，这位幸运的女孩拥有了幸福美满、尊贵风光的一生，然而，在沉闷古板的奥地利皇宫中，她却品尝到了无数的苦涩与无奈，所幸她保留了自己的纯真和率性，为美女如云的宫廷中增添了一道独特的色彩。影片中的茜茜公主让无数人为之倾倒，全世界都领略了这位巴伐利亚公主的迷人风采。近几十年来，在奥地利和德国等地区，每年的圣诞节都会有频道重温这部经典作品，可以说已经成为过节的保守节目。这部影片就是根据茜茜公主本人的真实经历改编而成。

茜茜公主（1837—1898），本名伊丽莎白·阿玛莉·欧根妮，奥地利皇后与匈牙利女王，昵称"茜茜"。出生于匈牙利的一个贵族大家庭。1854年成为奥地利皇后，7年多时间，茜茜生了3个孩子，也目睹了一场场由奥地利皇帝发动的血淋淋的战争，逐渐变得心灰意冷。1867年，她促成了奥匈帝国的诞生。6月8日这一天，在匈牙利宰相安德拉希伯爵的见证下，约瑟夫一世和茜茜成为匈牙利的国王和王后。1898年9月10日中午,茜茜遭意大利无政府主义者的谋杀去世。童话般的茜茜公主也许只属于电影,但真正的茜茜仍堪称传奇人物,她仍然以其美貌、优雅和浪漫的忧郁气质而受到臣民的爱戴。一提到茜茜公主,人们总会提到她那惊人的美貌,当时的报纸称呼她为"貌若天仙的皇后"。下面,就让我们随着历史之轮的轨迹,再次领略茜茜公主迷人的风采。

01 / 无忧无虑的巴伐利亚公主

1837年12月24日,茜茜公主出生在德国慕尼黑,本名为伊丽莎白·阿玛莉·欧根妮,人们之所以会称呼她为"茜茜公主",主要是因为她的签名常常简写为Lisi,而手写体被人误读为Sisi,而后又演化为Sissi。

茜茜公主是家中的第四个孩子,她的父亲是巴伐利亚公爵马克西米利安·约瑟夫,她的母亲是拜恩国王马克西米利安一世的女儿路德维卡公主。茜茜的父母虽然出身高贵，但在家族中并不是什么核心人物。马克西米利安喜欢写诗弹琴、热衷于旅行，乐于结交艺术家和学者，甚至还建了一个十分受孩子们欢迎的马戏团。茜茜一家与世无争地生活在远离宫廷利益束缚的波森霍芬城堡。在那里，茜茜和兄弟姐妹在无拘无束的环境中长大，一家人生活得休闲而舒适。

在湖光山色的施塔恩贝格湖畔乡间，茜茜度过了无忧无虑的童年。她和兄弟姐妹可以自由地爬山、骑马、捕鱼，而非每天演练烦琐的宫廷礼仪，甚至连功课都不用过多操心。茜茜公主十分热爱大自然，而且十分喜欢动物，她的性格活泼开朗、周身都洋溢着阳光般的活力和朝气，十分讨人喜欢。茜茜的姐姐海伦是家中的长女，一直被母亲寄予厚望。她是一位有着大家闺秀风范的淑女，十分的温柔美丽、端庄高雅。

奥地利皇帝弗兰茨·约瑟夫一世的母亲索菲同样是拜恩国王马克西米利安一世的女儿，是茜茜公主母亲的姐姐。她以独断专行的作风而闻名，被称为"霍夫堡宫内唯一的男人",约瑟夫一直生活在母亲的控制中。在当时的欧洲王室有个传统,就是要在近亲的圈子中进行择偶,通过亲上加亲来保持皇室血统的纯正。索菲亚为了巩固和同盟者巴伐利亚之间的联系,打算让自己的儿子同妹妹路德维卡的长女海伦结婚。

  1853年,茜茜的母亲和姐姐海伦被邀请到奥地利州巴德伊舍的旅游胜地游玩,准备接受皇帝的正式求婚,茜茜陪着母亲和姐姐共同前往。由于茜茜的母亲患有偏头疼,她们不得不中途停留,因此未能准时到达。母女3人都因姑姑的去世而穿着丧服,而那辆装有她们晚礼服的马车更是迟迟没有到达,以至于在与年轻皇帝的见面前根本来不及更换。黑色的衣裙并不适合海伦深色的皮肤,反而将茜茜洁白的皮肤衬托得引人注目。约瑟夫对茜茜一见倾心。虽然茜茜当时还只是一个正在发育的少女,但是她身上具有无法掩饰的青春活力和无拘无束的自然天性,而这些都令约瑟夫着迷不已。

  在准备订婚的前一天,宫里举办了一场几乎没有任何悬念的选妃舞会。大家心知肚明舞会只是一个过场,海伦公主是无可争议的内定人选。按照不成文的规定，当年轻的皇帝约瑟夫带着女伴步入舞池的时候，就意味着他将选定牵手的女子作为自己未来的皇后。然而，约瑟夫并没有如大家所愿，前几支舞曲他都没有采取任何行动，只是单纯地站在舞池外面。海伦孤零零地站在场外，而皇帝却始终没有对她进行邀请，反而在最后皇帝竟然邀请茜茜公主跳了一曲，并在舞会结束后送给了她一束鲜花。现场一片哗然，因为这是选定皇后的信号。茜茜公主接过了弗兰茨·约瑟夫献上的花，而她甚至不知道这意味着什么。

事后，茜茜的母亲和姨妈索菲问她："你爱他吗，茜茜？"而她天真地回答道："他，我又怎能不爱他呢？他要不是皇帝就好了。"

对于索菲来说，无论海伦还是茜茜都没有什么不同，因为她们都是自己的外甥女。由于年轻皇帝的坚持，茜茜公主取代了自己的姐姐海伦与皇帝弗兰茨·约瑟夫一世定下了婚约。

02 / 饱受束缚的奥地利皇后

1854年4月24日,年轻的奥地利皇帝弗兰茨·约瑟夫一世和茜茜公主在奥古斯丁教堂内举行了盛大的婚礼,婚礼持续了三天,约瑟夫将伊舍的行宫当作结婚礼物送给了茜茜。就如同电影《茜茜》第一部中的场景,身穿洁白婚纱美不胜收的茜茜公主在一片欢呼声和喧闹声中乘船沿多瑙河顺流而下,如同凯旋般地到达了维也纳,和年轻的皇帝在一座大教堂中举行了皇家婚礼,那场面隆重而热烈,令人十分难忘。

虽然茜茜公主和约瑟夫的结合同样属于政治联姻,是维特巴赫王族和哈布斯堡王族两个家族之间的第22次联姻,但两人之间的浪漫姻缘在只重政治不讲爱情的欧洲王室联姻中十分罕见,一时被传为美谈。

迷人的美貌和坦率的天性让茜茜公主在国内的声望和支持率始终居高不下。茜茜公主刚嫁入奥地利时,人们发现皇帝与茜茜公主结婚后,国内的政治气氛开始不那么紧张了，连对囚犯的管束都不再那么严格。对于这些变化，人们乐于把它归功于茜茜公主。在所有民众的眼中，他们的国王已经完全拜倒在茜茜公主的石榴裙下，茜茜公主就是人们心中完美的皇后。

然而，站在维也纳的圣坛成为皇后的茜茜公主在荣耀和尊贵之余，烦恼也随之而来。早就习惯了自由生活的茜茜很难接受哈布斯堡王朝宫廷内严格的规矩，她感觉就像生活在"鸟笼里一样"，几乎没有任何自由，一切都要听从婆婆索菲的安排。

奥地利宫廷礼仪多得让茜茜不胜其烦，从婚礼开始，复杂烦琐的程序足够令人晕头转向，而庆典之多更是数不胜数，而这一切都是婆婆索菲的安排，容不得半点马虎。茜茜公主需要学习的东西实在是太多了，优雅的社交礼仪、悠久的奥地利历史和多门外国语言。在突击这些枯燥内容的时候，茜茜忍不住想哭，她十分怀念过去那种自由自在的生活。婚后不久，茜茜的健康就出现了问题，她开始剧烈地咳嗽，而且每当她走过狭窄陡峭的楼梯时都会害怕和焦虑。

茜茜公主对这些令人窒息的传统规矩忍耐了一段时间，终于被逼得忍无可忍，于是她决定反抗。外表柔弱可爱的皇后为了摆脱控制做出了顽强的抗争，索菲也没有想到自己的外甥女竟然慢慢取代了自己在儿子心中的地位。

茜茜和约瑟夫度过了婚姻中最美妙的一段时间，两人十分恩爱、琴瑟和鸣。茜茜对约瑟夫十分依赖，特别是当初舞会上的决定让她看到了他的勇敢和坚定，而约瑟夫又怎会不喜欢自己亲自挑选的女孩？只是再美的花朵也有凋谢之时，当激情退去，爱也随之淡化，特别是国王和公主的爱情中往往会夹杂着很多的非感情因素，让爱情本身变得不再单纯。

1855年，茜茜的大女儿出生了，尚未来得及体会初为人母的喜悦，茜茜就被残酷的现实浇了一盆冷水。婆婆索菲将茜茜视为"愚蠢的年轻母亲"，并将女儿从她身边带走，拒绝让茜茜照顾自己的孩子，而且婆婆没有经过茜茜的同意就以自己的名字索菲为孙女命名。

1856年，当茜茜的另一个女儿吉塞拉出生后，索菲以同样的方式将孩子从茜茜身边带走。与此同时，茜茜公主因为一直没能为帝国生下男性继承人而在宫廷中越来越不受欢迎。

1857年，茜茜公主跟随丈夫约瑟夫首次访问了匈牙利，她还带着两个年幼的女儿同行。茜茜对匈牙利留下了十分深刻的印象，或是因为在这里她可以远离宫廷的束缚，而匈牙利人民又发自内心地崇拜着茜茜公主。在匈牙利，她遇到了性格各异的人们，她开始变得乐于交友，不隐藏自己的情绪，她感觉自己的灵魂深处对生活在这片土地上自尊坚定的人们感到同情。与鄙视匈牙利人的婆婆索菲不同，茜茜公主觉得匈牙利人十分具有亲和力，她开始学习匈牙利语。然而，茜茜公主两个年幼的女儿在这次旅行中都生病了。年幼的吉塞拉恢复得比较快，而两岁的索菲却没能逃过此劫。索菲的离世给茜茜带来了沉重的打击，忧郁时常与之相伴，她开始忽视女儿吉塞拉。同年12月，茜茜公主第三次怀孕，母亲路德维卡一直十分担心女儿的身体和精神状况，她希望这次怀孕能够帮助女儿走出丧女的阴影，恢复健康。

1858年8月21日，茜茜公主的儿子鲁道夫出生了。随着这位王位继承人的诞生，茜茜公主在维也纳宫廷的影响力也开始逐渐增加。但如同之前一样，鲁道夫同样被人从她身边带走了。生下孩子后不久，茜茜公主的健康状况开始持续下降。

1859年，皇帝约瑟夫决定对撒丁王朝开战，尽管皇帝御驾亲征，但依然没有挽回败局，茜茜公主还亲自去照顾伤员。令人厌恶的婆婆、焦灼忙碌的丈夫……宫廷生活令茜茜开始喘不过气来，她通过组织舞会来消耗自己的精力。与此同时，她的身体状况越来越糟糕。

1860年，茜茜公主不仅得了贫血，而且还患了严重的肺病。医生劝她离开皇宫，去马德拉群岛进行治疗。茜茜十分高兴能够离开令她窒息的皇宫，在马德拉经过一段时间的治疗，她的情绪有所好转，咳嗽也渐渐停止了。然而，在6个月后，当茜茜公主返回维也纳，仅仅4天后她又开始发烧和咳嗽，经过医生诊断，她的肺病又复发了。为了进行空气疗法，茜茜公主又前往卡夫。令大家惊奇的是，前往卡夫的船只刚刚离开维也纳，茜茜公主十分严重的病情就迅速得到了好转。

1862年，茜茜公主因贫血而导致了水肿，她的脚肿得必须依靠他人的搀扶才能够走路，因此医生建议她前往有温泉的吉森。在父亲马克西米利安的陪伴下，茜茜经过吉森的温泉治疗又奇迹般地恢复了健康。之后她并没有马上返回维也纳，而是与她的家人一起待在故乡。

在茜茜公主治病的几年里，奥地利的民众没完没了地追问："我们的皇后在哪里？她怎么样了？"然而却始终没有得到答复。这几年，茜茜公主辗转在有温泉的城市、希腊的岛屿、匈牙利的布达佩斯以及娘家巴伐利亚，她的身体也逐渐开始恢复。

与此同时，过去那个青春洋溢的小女孩开始蜕变成了有风华绝代之姿的美丽女人，就如同一朵美丽的花苞终于开始绚丽绽放。身高1.72米的茜茜公主，除了怀孕时期以外几乎一直保持在50公斤左右，她每天早晨5点起床，练剑、游泳、做体操，每天要花上几个小时锻炼身体，精心呵护她那水嫩盈润的迷人脸庞，而那头瀑布般的秀丽长发更是需要精心的梳理与保养。茜茜公主的午餐往往只会花费短短的几分钟，她往往只喝一杯肉汁。经过如此努力，茜茜公主的超凡之美吸引了无数人的眼球。每当她外出或者骑马，总会有大量的围观群众。人们仰慕她的光彩照人，上流社会更是乐于传播美丽皇后的种种事迹，以至于在人们的眼中她早已经成为色彩浓郁的美丽传奇。

1862年，普鲁士王储妃维多利亚公主在一封写给母亲维多利亚女王的信中写道："皇后使我兴奋不已。我还从未见过如此光彩和如此动人的面孔。她面孔的线条并不像肖像上画得那么美丽，但在整体上却非常迷人，是任何绘画绝对无法达到的，她看起来是进行了过度塑形，其实对她这样的身材根本是不需要的。"

1864年，茜茜公主重返维也纳。在她回来的那一天，有10个管弦乐队以及14000名手持火把的运动员热烈地欢迎她。同年，茜茜公主参加了弟弟卡尔·特奥多尔的婚礼，人们以"光彩照人"来形容她，萨克森王后则称赞她"美貌绝伦"。她在婚礼上穿着带星星图案的白色克里诺林裙，褐色的发辫上点缀着钻石星花，茜茜公主的这一形象被当时著名的画家弗朗兹·克萨韦尔·温特哈尔特描绘在画布上，在以后100多年的历史中被无数人模仿，成为了她最经典的形象之一。

1865年，茜茜公主在与宫廷传统的斗争中取得了众多的胜利：她和丈夫达成了协议，她自此开始拥有了挑选陪伴自己的宫廷命妇的权利，拥有了管教孩子的权利，最重要的是她争取到了自由。

03 / 受人爱戴的匈牙利皇后

在电影《茜茜公主》的第二部中，里面有很大的篇幅都在讲述奥地利和匈牙利之间的关系，茜茜公主在奥匈帝国建立的过程中发挥了很大的作用。艺术虽然高于生活，但一定是源于生活的，电影里的情节当然不是凭空编造的，而是有历史依据的。

不同于大部分的维也纳贵族，茜茜公主向来喜欢匈牙利，而且还努力学习了匈牙利语。她经常前往匈牙利首都布达佩斯，那里的建筑风格让她十分喜欢，而且她还欣赏那里的音乐、马匹和骑士。

早在1804年5月，法国第一执政官拿破仑称帝。8月，当时的弗朗茨二世将他统治下的奥地利大公国、波希米亚王国、匈牙利王国以及位于意大利和波兰等处的领土合并为奥地利帝国,自称奥地利皇帝弗朗茨一世,以回应拿破仑,并借机整合哈布斯堡王朝的领地,是为奥地利帝国之始。在当时,奥地利帝国是一个多民族的国家,讲德语的日耳曼人贵为统治民族,但是他们连总人口数量一半都不到。匈牙利人是帝国中的第二大民族,随着民族意识的觉醒,匈牙利人民要求自治甚至独立,并为此进行了多次争取民族自由独立的斗争。

1866年,在普奥战争中奥地利输给了普鲁士,还被逐出了德意志联邦。奥地利帝国摇摇欲坠,再也无力镇压匈牙利的反抗,因此不得不谋求和平解决的途径。茜茜十分欣赏安德拉西伯爵,可能是因为他和自己一样,骨子里充满叛逆和坚强,能够不被传统所束缚。因此,茜茜公主在自己的丈夫面前经常为匈牙利的利益说情,并经过多次斡旋,在促进奥地利和匈牙利和解方面发挥了很大的作用。虽然最终同意和解的是皇帝陛下,但是茜茜公主的努力不容忽视,她以其独特的魅力征服了匈牙利。

1867年，奥地利和匈牙利达成和解，正式签署了《奥匈协定》，成立奥地利—匈牙利君王国，简称奥匈帝国。奥匈帝国分为奥地利和匈牙利两部分，两者同为主权国家，各自拥有议会和政府，共有外交、军事和财政，国家支出按照比例进行分摊，由奥地利皇帝弗兰茨·约瑟夫一世兼任匈牙利国王，安德拉西伯爵担任匈牙利首相。在电影中也同样反映了这一真实的历史事件，匈牙利人民通过和平的方式取得与奥地利平起平坐的地位，而奥地利帝国改组为了奥匈帝国。

1867年，在安德拉西的见证下，弗兰茨·约瑟夫和茜茜公主加冕成为匈牙利的国王和王后。为了庆祝加冕，匈牙利将位于布达佩斯以东20英里处的一栋乡间官邸作为礼物送给了帝国皇帝和皇后。茜茜公主经常会离开维也纳到世界各地去旅行。因为喜欢打猎和骑马，她经常会前往英格兰、诺曼底和爱尔兰，茜茜公主还赢得了19世纪70年代欧洲的多项骑术竞技冠军。

1868年，茜茜公主的第四个孩子玛丽出生了，她被称为"匈牙利的孩子"，并在布达佩斯接受了洗礼。茜茜决定亲自抚养这个孩子，并将所有的母爱都倾注在自己的小女儿身上，虽然这可能会让小玛丽感觉到有些窒息。随着时间的流逝，婆婆索菲对宫廷和茜茜的孩子们的影响开始逐渐减少，并在1872年在奥地利的维也纳去世。

1873年，在维也纳举办了第五届世博会，那是一届被历史深深铭记的经典世博会。当时，奥地利建成了一座大型联体建筑物，也就是维也纳工业宫。在工业宫的中心，建有当时堪称"世界第八奇迹"的罗托纳达圆顶大厅，是当时世界上最大的圆顶大厅建筑。在圆顶之上，灯塔的最高处，那是一个奥地利皇冠的巨大复制品。有人说，铸造的那顶皇冠，是为了向奥地利的皇帝致敬，但也有不少人认为，它是献给茜茜公主的礼物。在维也纳世博会期间，不少欧洲的王室都派出重要人物参加，有的国王甚至亲自驾临，出席的包括罗马尼亚的查尔斯一世、凯撒亚历山大二世、西班牙的伊沙贝尔女王、希腊的奥尔加女王、荷兰国王和王后、德国皇帝威廉一世等。在欢迎宴会上，茜茜公主以一身白色华装出现在人们面前时，在场的所有人都被她的惊人美貌所折服，这也成为她一生中最美丽的时刻之一。当时还发生了一则趣闻,当茜茜公主出现在大家面前,波斯国王整个人都呆住了,他戴好眼镜在现场绕着茜茜公主走圈,还边走边说:"真主啊!这个女人怎么这么美!"他就像是在欣赏一座雕像一样,完全忘记了帝王的礼仪。在此后的很长一段时间里,茜茜公主的惊世美貌,成为各国王室的重要话题。

1879年12月,已经42岁的茜茜公主庆祝了她的银婚。虽然她已经成为了祖母,可是她惊人的美貌和马术仍然受到人们的称赞。

04 / 只着黑衣的悲伤母亲

因为不满意儿子鲁道夫与比利时公主丝苔凡妮的联姻,茜茜公主与儿子的关系十分冷淡,甚至在鲁道夫的女儿伊丽莎白出生之后也没有缓解,因此她也没有察觉到儿子鲁道夫婚姻的不幸。

1889年,约瑟夫和茜茜的独子鲁道夫和他的情妇玛丽·维色拉在梅耶林的狩猎小屋内双双殉情自杀。当消息传到茜茜公主耳边,她始终无法接受这一事实,并陷入了深沉的悲痛之中。自此以后,她开始只穿黑色的衣服,并开始逐渐消失在公众的视线中。

1890年,当茜茜公主心爱的女儿玛丽举行婚礼时,她脸色苍白,精神萎靡,只是短暂地站在那里参加了仪式。随后,茜茜公主经常通过长途旅行来进行自我逃避,她的足迹遍布了整个欧洲和北非,无心之下竟也成为了一位文化大使。

1894年,57岁的茜茜公主当上了曾祖母,但此时她的身材依然曼妙。茜茜公主经常喝牛奶餐,每天都进行身体锻炼并坚持散步,这使得她的体重保持在50公斤以下。

1898年,茜茜感觉自己开始像个老妇人,并经常想到死亡。在她外出的时候,她穿着黑色的衣裙,一只手打着太阳伞,一只手用扇子遮挡着脸庞。与熟悉的都市相比,她更喜欢到没有人能够认出她的陌生城镇。

1898年9月9日,当茜茜公主到达日内瓦时,一家当地的报纸报道了她的到来。当时，25岁的意大利无政府主义者路希·卢切尼原本打算刺杀的是法国王位的觊觎者奥尔良公爵菲利普，但是他却提前离开了日内瓦前往了别处。他开始寻找另一个目标。茜茜公主即将出现在日内瓦的信息令他大喜过望。

1898年9月10日，茜茜和她的侍女离开了下榻的酒店，两人沿着日内瓦湖行走，准备登船前往蒙特勒。因为茜茜公主不喜欢太多人跟随，所以她的侍从们大多已经乘坐火车离开。在茜茜公主走到湖边打算登船之际，这个意大利人突然冲了过来，用一把插在木柄中的尖锉刀刺伤了她。

遭受袭击后的茜茜公主跌倒在地，一名马车夫迅速将其搀扶起来。尽管身体虚弱，茜茜依然坚持走向轮船，并在登船后不久，当侍女松开扶持的手臂时，她突然失去了意识倒在地上。侍女立即大声呼叫医生，但船上仅有一名护士和一位乘客能够提供援助。此时，船长并不知晓这位女士就是茜茜公主，鉴于甲板温度较高，他建议尽快将她送回岸上的酒店休息，然而此刻船只已经启航驶离港口。

随后，茜茜公主被抬至顶层甲板安置在长凳上，侍女细心地帮她脱下厚重的外衣,并果断剪开紧束的胸衣带以便其顺畅呼吸。茜茜短暂苏醒过来,面对侍女询问她是否感觉到疼痛时,她回应"不",并问发生了什么事情,紧接着便再次陷入了昏迷。

侍女发现了茜茜左胸上方的一个深褐色小点,而且她一直未能恢复清醒。面对如此惊慌失措的情况下,侍女向船长透露了茜茜的真实身份,得知实情后,轮船立刻掉头返回日内瓦。水手们小心翼翼地将茜茜公主移至简易担架上,并将其抬回岸边酒店。在酒店经理夫人、一名护士及侍女的协助下,茜茜公主被褪去衣物,其间发现了几滴血迹以及一处微小伤口。然而,在她们尝试将茜茜从担架转移到床上时,悲痛地发现她已停止了生命迹象。为确认茜茜公主是否确实去世,有人切开了她左臂的动脉,遗憾的是没有血液流出,从而证实了她的死亡。侍女温柔地合上了茜茜美丽的眼睛,双手交叠放在胸前,众人纷纷跪下为她祈祷灵魂得到安息。

约瑟夫皇帝收到妻子茜茜公主逝世的电报时,首先担忧她是自杀,直至接收到第三份电报才揭示她实际上是遇刺身亡。他同意遵循瑞士法律对茜茜进行尸检。经过法医鉴定，发现凶器深深刺入茜茜胸部大约3.33英寸位置，造成第四根肋骨骨折，并刺穿肺部及心包膜，最终自心脏底部穿透左心室顶部。由于凶器细长尖锐，加之茜茜穿着极为紧身的束胸衣，使得出血速度减缓，这解释了为何她在遭刺后还能登上船梯。尸检报告和相关照片递交给瑞士检察官，遵照约瑟夫皇帝的指示，这些材料后来被销毁。

最后，茜茜公主被安葬于维也纳嘉布遣会教堂内的皇家陵墓中，这是哈布斯堡家族数个世纪以来的主要埋葬之地。有传言称，在茜茜下葬前，约瑟夫皇帝曾剪下她的一束秀发珍藏，并在她去世后常常独自呢喃："她永远不会知道我有多么爱她。"

1898年，在茜茜公主去世后，她的丈夫约瑟夫让当时著名的画家卡贝为她画了一幅肖像。画中的茜茜公主穿着黑色的长裙，早年脸上天真的神韵早已消失无踪，而代之以无尽的萧索和落寞。或许正如奥地利作家布里姬特·哈曼所说，茜茜公主是"一位不情愿的皇后"，她的一生都充满着抗争和矛盾，她和哈布斯堡家族的关系疏离，她拒绝扮演传统环境所赋予她的一切角色：不想做一个贤惠顺从的妻子，也不是一个合格的母亲，更不是一个能够掌控庞大帝国的皇后。

茜茜公主生前也许想不到，她去世后仍能得到热烈的追捧。她的故事被一次又一次搬上舞台和银幕，逐渐成为一位全球知名的人物。在人们的眼中，茜茜公主代表了"皇室的优雅"、女性的美丽与祥和，是能够代表整个国家的"国宝"。奥地利人民至今深爱着她，将她视为最有魅力的皇后。她的雕像在奥地利随处可见，在维也纳的霍夫堡皇宫还专门有茜茜博物馆。

回顾茜茜公主的一生，可以称之为美丽的传奇。从无忧无虑的巴伐利亚公主到饱受束缚的奥地利皇后，从受人爱戴的匈牙利皇后到只着黑衣的伤心母亲，无论在昔日宫廷如何孤立艰难，无论这一世如何繁华与荣耀，这一切都将随着生命的流逝而隐藏于时间的长河之中。只有当我们翻检欧洲的历史，茜茜公主完美的容颜就会清晰地浮现出来，如同一朵炙热鲜艳的玫瑰散发迷人的芬芳，带着她那天真率性的美，永远不曾老去。

匈牙利共产党的创始人

——库恩·贝拉

在匈牙利历史的长河中,有这样一段慷慨激昂的片段。1919年,在匈牙利共产党的领导下,匈牙利无产阶级推翻了资产阶级的统治,建立了匈牙利苏维埃共和国。尽管革命最终以失败告终,但匈牙利无产阶级所提供的历史经验和鲜血凝成的教训,丰富了国际共产主义运动的宝库,匈牙利无产阶级在建立和保卫苏维埃共和国的斗争中所表现出来的敢于斗争、不怕牺牲的大无畏革命精神和英雄气概,鼓舞着世界各国革命人民胜利前进。而在这段历史中,不得不提到一个伟大的名字:库恩·贝拉。

库恩·贝拉(1886—1939),匈牙利共产党的创始人,共产主义革命家,匈牙利苏维埃共和国的主要创建者和领导者,国际共产主义运动活动家。库恩·贝拉出生于匈牙利特兰西瓦尼亚莱列村的小职员家庭,毕业于科洛日瓦尔大学法律系,毕业后曾当过记者,1902年参加匈牙利社会民主党。他在第一次世界大战中被征入伍,1916年在俄国被俘,1917年加入俄国社会民主工党,1918年3月创建直属俄共(布)中央的匈牙利共产主义小组,同年11月归国,建立匈牙利共产党,当选为中央委员会主席。1919年2月库恩被捕，3月21日获释出狱。出狱后他立即将匈共同社会民主党合并为匈牙利社会党，宣布成立匈牙利苏维埃共和国，并出任外交人民委员，后兼任军事人民委员。苏维埃政权被颠覆后他侨居奥地利。1920年8月库恩在克里米亚任红军南方战线革命军事委员会委员，参加平定白匪军的战斗，1921—1936年参加共产国际领导工作，1936年被指控阻挠执行共产国际七大路线而被解除一切职务，并在翌年6月被捕，1939年11月30日逝世于狱中，直到1956年才恢复名誉。库恩·贝拉著有《论匈牙利苏维埃共和国》、《库恩文章和讲话选集》等。

01 / 少年投戎，心系革命

1886年的2月20日，库恩·贝拉出生在匈牙利特兰西瓦尼亚莱列村的一个农村小录事员家庭。随后，库恩一家迁居到了科洛日瓦尔市，也就是今天罗马尼亚的克鲁日。

1902年，当时还在上中学的库恩·贝拉就加入了匈牙利社会民主党。在库恩中学毕业后，他遵从父亲的意愿，考入了科洛日瓦尔大学的法律系。但是库恩对法律没有兴趣，吸引他的是政治和文学。在大学期间，库恩十分关心国内外的大事，刻苦钻研了马克思和恩格斯的著作，并逐渐接受了社会主义思想。在这期间，他经常给报社撰写文章，发表演说，并以思想激进而著称。

库恩·贝拉在法律专业结业后，把新闻记者当作了自己的职业。他先后担任《新闻报》、《自由报》、《前进报》的记者。年仅21岁的库恩经常深入社会的底层进行采访，深入了解工人们的疾苦，并参加他们的活动。在库恩23岁那年，他发表了一篇抨击警察残酷镇压科洛日瓦尔建筑工人游行示威的报道，随后库恩因为这篇报道被指控为煽动反政府罪，并被判处了6个月的监禁。

库恩·贝拉出狱后，社会民主党地方组织把库恩安排到工人保险所工作，他主要负责扩大社会民主党中央机关报《人民之声》的订户。库恩将工作完成得十分出色，使报纸的发行量骤增。

1913年，在工人运动中崭露头角的库恩·贝拉被选为社会民主党科洛日瓦尔党组织的书记，并出席了这个党的第二十次全国代表大会。

1914年，第一次世界大战爆发不久，库恩·贝拉被征入伍，开赴对俄作战的前线。

1916年，库恩·贝拉被俄国人俘虏，并给押送至托姆斯克战俘营。在托姆斯克，库恩很快就成了匈牙利战俘中倾向社会主义的反战小组的公认领袖。

1917年，库恩·贝拉加入了俄国布尔什维克党，二月革命后，他被评选为托姆克斯省党委会委员，并参加了《西伯利亚工人》杂志编辑部的工作。同年，库恩来到了彼得格勒和莫斯科，并多次见到过列宁。

1918年3月24日，侨居在俄国的匈牙利战俘成立了一个共产主义小组，直属俄共（布）中央领导，库恩·贝拉担任了小组的组长。他们创办了匈牙利文字版的《社会革命报》，举办宣传员训练班，并广泛联系国内的革命组织。这个小组在向匈牙利战俘和匈牙利人民传播社会主义革命思想方面发挥了十分重要的作用。1918年4月14日，代表

50 多万战俘的全俄战俘代表大会召开，在会后成立了共产主义战俘外国小组国际同盟，库恩当选了这个组织的主席。此外，库恩还创建了红军国际支队，多次参加了保卫苏维埃俄国的战斗，如彼得堡的保卫战和纳尔瓦战役。1918 年 11 月 4 日，在莫斯科召开了匈牙利共产主义者代表会议，会议讨论建立匈牙利共产党，并号召所有匈牙利籍的共产党员应在最短的时间内返回匈牙利，在国内继续开展革命工作。

02 / 改名归国，投身革命

由于受到俄国十月革命的影响和奥匈帝国在军事上的溃败，匈牙利国内民主民族运动空前高涨。1918 年 10 月 30 日，匈牙利爆发了资产阶级民主革命。在这样的背景下，库恩化名为谢拜什捷·艾米尔少校军医，于 1918 年 11 月 6 日回到了阔别已久的祖国。

1918年11月16日，哈布斯堡王朝（公元6世纪建立，曾统治神圣罗马帝国、西班牙王国、奥地利大公国、奥地利帝国、奥匈帝国。哈布斯堡家族亦称奥地利家族）长达400年的统治被正式推翻，匈牙利宣布成立共和国。工人阶级虽然是发动革命的主力军，但是由于社会民主党的妥协政策，使得革命的果实被以卡罗利·米哈伊为首的自由资产阶级所窃取，并力图阻止革命的发展。刚刚归国不久的库恩·贝拉立即组织领导国际主义战俘运动积极分子，组织国内日益壮大的革命力量，并致力于建立一个以列宁建党原则为指南的先进无产阶级政党。

1918年11月20日，匈牙利共产党成立，库恩·贝拉被选为党中央书记，向全党提出了"解除资产阶级的武装，武装无产阶级，建立苏维埃政权"的口号，使革命斗争得以继续发展。匈牙利共产党的成立，开始了匈牙利工人运动史上的一个新阶段。匈牙利共产党把马列主义的基本原理同本国的具体情况相结合，制定自己的活动方针：把资产阶级民主革命转变为社会主义革命，通过武装起义建立苏维埃形式的无产阶级专政。由于匈牙利共产党在工农兵群众中广泛地开展宣传和组织工作,许多工农兵代表和左派社会民主党人都转向共产党,共产党的影响力和威信日益提高。

当时,各地不断发生罢工和示威游行,劳动者与政府军队之间屡次发生武装冲突。以卡罗利为首的资产阶级政府害怕日益发展的革命,对共产党人发动了进攻,于1919年2月21日逮捕了以库恩·贝拉为首的绝大多数匈牙利共产党中央委员,共产党人被捕激起了工人群众的抗议浪潮。就在事件发生后的第四天,布达佩斯几千名五金工人和失业者举行了群众大会,强烈谴责政府的暴行。随后,在3月18日,切佩尔工厂的1万名工人再次举行了会议,并提出了同样的要求。与此同时,赛格德的武装工人和士兵也举行了示威游行。在这样的情况下,卡罗利政府迫于压力不敢过分迫害库恩,在狱中的库恩仍然可以接见工人、士兵代表,同时还与朗德列尔等左派社会民主党人士进行了频繁的接触。

帝国主义的干涉加速了匈牙利无产阶级革命的爆发。协约国在1919年3月19日深夜,给卡罗利政府送交了一份照会，也就是"威克斯通牒"，要求与匈牙利签订新的合约。按照合约要求，匈牙利将会丧失 1/3 的领土和一多半的人口。在内外交困的形势下，卡罗利政府被迫辞职，让位给社会民主党。然而，社会民主党没有足够的力量组成党政府，于是不得不求助于在人民中享有极高威信的共产党人。在左派社会民主党人的坚决要求下，社会民主党立即组成以朗德列尔为首的代表团到狱中去找库恩进行正式谈判。最后，两党在库恩起草的十点纲领的基础上达成了协议，十点纲领的主要内容为：两党立即合并，成了"匈牙利社会主义党"；马上夺取政权，实行无产阶级专政；建立苏维埃共和国；解除资产阶级的武装，建立人民军队；没收大地产，把土地、工厂、银行、交通等收归国有；同苏俄建立联盟等。

1919 年 3 月 21 日，库恩·贝拉获释出狱，下午立即召开了布达佩斯工人苏维埃大会，宣布实行无产阶级专政，成立匈牙利苏维埃共和国。库恩被任命为外交人民委员，随后兼担任了军事人民委员。苏维埃共和国主席由社会民主党中派代表哈尔巴伊担任。由于库恩革命过程中所起的重要作用，他始终被公认为整个共和国的实际领导人。对此，列宁曾说过："这位备受迫害、诽谤和侮辱的匈牙利布尔什维克，现在事实上是匈牙利苏维埃政府的领导者"。随后，苏维埃政府在4月7日进行了城乡苏维埃全民选举，同时招募红军，建立了红色民警队来代替旧警察和宪兵，并组织革命法庭和肃反委员会。苏维埃政府宣布，雇佣人数超过20个工人以上的工矿、交通运输、商业等资本主义企业归属国有；面积超过100霍尔特的地产全部无偿收归国有，没收的土地不直接分配给农民，而是组织生产合作社。此外，苏维埃共和国还实行了八小时工作制等改善人民劳动和生活的措施。但是，库恩主持制定的经济政策在对待农民土地问题上考虑不周，超越了民主革命阶段，采取了"立即实现共产主义"的"左"倾方针，结果使苏维埃政权没有得到广大农民的有力支持。

从苏维埃共和国成立之初，聚集在巴黎和会上的协约国列强就意图对这个新生政权进行武装进犯。1919年4月16日起，列强先后唆使罗马尼亚、捷克、南斯拉夫和法国出兵，从东面、北面和南面相继发动全线入侵，直逼匈牙利首都布达佩斯。匈牙利大片领土失陷，革命危在旦夕。在库恩·贝拉等人的领导下，积极发动工人群众保卫新生政权，布达佩斯各工厂在几天之内就组织了十万人的工人队伍开赴前线。红军在几天之内收复了北方的大部分领土，并且乘胜进入了斯洛伐克，并在6月16日建立了斯洛伐克苏维埃共和国。

为了镇压匈牙利革命，巴黎和会主席、法国总理克列孟梭以巴黎和会的名义，分别在1919年6月8日和13日连续向匈牙利发出照会，要求匈牙利停火并后撤。作为交还条件，克列孟梭保证让罗马尼亚的军队撤退到蒂萨河以东。这个照会助长了匈牙利右派民主党人的投降反叛活动，他们主张政府应该无条件接受照会，并公然提出要"不惜任何代价争取和平"。以萨姆埃里为代表的共产党坚决反对，但同意他的意见的人在政府中只占少数。库恩·贝拉效仿苏俄签订布列斯特和约的做法，同意妥协，接受照会，没想到此举铸成大错。6月底，红军开始从北方撤军，斯洛伐克苏维埃共和国也随之被推翻。事实上，协约国不仅没有遵守让罗马尼亚的军队撤退到议定的分界线以外，反而重新部署了兵力。当库恩发现上当，于7月20日匆忙在北方发动新的攻势。在革命再次面临危机的时刻，以伯姆为代表的社会民主党右派悄悄前往维也纳同帝国主义秘密勾结。担任红军总参谋长的茹利耶尔把红军的作战计划出卖给了敌方，导致了红军反攻的失败。

　　1919年8月1日，当罗马尼亚的军队逼近布达佩斯首都只有40公里时，无力回天的库恩·贝拉宣布政府辞职。这个仅仅生存了133天的苏维埃共和国被协约国武装干涉者、地主资产阶级反革命分子和社会民主党叛徒的联合力量扼杀了。尽管革命最终以失败告终，但是匈牙利人民英勇抗争的精神已经永镌史册，而且它还对国际工人运动产生了巨大的推动作用。此外，匈牙利苏维埃共和国的建立和斗争，援助了当时处于帝国主义包围和武装干涉的苏维埃俄国，库恩指出："在俄罗斯苏维埃共和国所处的内外局势都十分艰难的时刻，匈牙利无产阶级革命不仅给了国际反革命势力以沉重的打击，并且还拖住了这股反革命力量。"

03 / 辗转流离，丹心为报

革命失败以后，匈牙利开始了霍尔蒂通知的法西斯恐怖时期，成千上万的革命者遭到杀害、监禁。库恩·贝拉最初流亡到了奥地利，并在那里被逮捕，后经苏俄政府营救，于1920年8月抵达俄国彼得格勒。库恩流亡苏联后，亲自参加了保卫苏联革命成果的斗争，同时参加了共产国际的领导工作。

1920年9月，库恩·贝拉参加指挥了平定克里米亚自卫军的战斗，苏俄政府任命他为南方战线革命军事委员会委员。随后，他又担任了克里米亚革命委员会主席。

1921年6月，库恩·贝拉参加了共产国际第三次代表大会，并被选为执行委员会委员。

1922年至1923年，库恩·贝拉在乌克兰地区做党的宣传工作，随后被任命为俄共（布）中央驻共青团中央的特派员。

1924年10月，应流亡奥地利的原匈牙利共产党领导人的请求，库恩·贝拉秘密抵达维也纳。经过近一年时间的酝酿和准备，在1925年8月重新创建了匈牙利共产党，并召开了第一次代表大会，库恩担当主要负责人。在那里，库恩除了处理党内日常事务外，还致力于理论研究，他创办了政治理论刊物《新三月报》，还总结了1919年革命失败的历史教训，撰写了《匈牙利无产阶级革命的教训》。在库恩看来，1919年匈牙利苏维埃共和国覆灭的最重要的原因是缺乏一个有组织的、成熟的马克思列宁主义政党，刚成立的匈牙利共产党和社会民主党实现合并后，实际是自己把自己毁灭了。由于右派社会民主党人的叛变，使年轻的苏维埃共和国遭到覆灭。库恩指出："1919年3月21日，当社会民主党的首领们在群众的压力和外部形势的影响下，以书面承认了共产党的纲领以后，共产党就同社会民主党宣告合并。而在这次合并中就已经埋下颠覆专政的祸根。年轻的、组织上还不巩固的共产党，总共只有一两个具有丰富革命经验的领导者，于是就几乎无声无息地融化在社会民主党这团烂泥中了。"导致革命失败的第二个原因是农民的土地问题没有得到解决。库恩认为，革命胜利后，虽然匈牙利苏维埃共和国实行了土地国有化，把没收来的大地产一律转交给国营农场和农业生产合作社，但是没有把土地分给无地和少地的农民。库恩指出："实际上这些农场的管理仍然操在从前的那些管理人手中，即操在大领地管理人手中，而对此有利害关系的农民却没有参加管理。"库恩总结了匈牙利无产阶级专政的第三个重要教训，就是"无产阶级只能在两种政权形式之间进行抉择：是无产阶级专政还是资产阶级专政"。匈牙利无产阶级革命证明了无产阶级民主代替资产阶级民主的历史必然性。匈牙利共产党虽然夺取了政权，建立了无产阶级专政，但是没有打碎旧的资产阶级国家机器，没有坚决镇压反革命。结果在关键时刻由于右派社会民主党的叛变，从内部帮助帝国主义扼杀了苏维埃政权。此外，库恩还总结了匈牙利苏维埃共和国覆灭的客观原因。国际帝国主义联合起来的力量占着巨大的优势，而匈牙利"苏维埃共和国的领土狭小，因而缺乏军事退却的地方"，又"缺乏国际政治形势的有利条件"。

1928年4月27日，奥地利当局搜查了设立在维也纳的匈牙利共产党国外局办公室，并逮捕了库恩·贝拉等匈牙利共产党领导人。奥地利当局原本想把他们引给霍尔蒂政府判处死刑，但是迫于国际革命无产阶级压力下，不得不改判为 3 个月徒刑，并将他们驱逐出境。随后在 1928 年 8 月，库恩重新回到了苏联。

1929 年 7 月，库恩·贝拉在共产国际执委会第十次全会上发布了一篇名为《社会法西斯主义》的报告。在这篇报告中，他错误地认为，资产阶级民主和法西斯之间没有多少区别。社会民主党正在日益失去其改良性，变成了资产阶级公开的代理人。因此，这样的政党也应该是主要打击的对象。

1935 年，在共产国际第七次代表大会上，通过了季米特洛夫所作的关于建立国际反法西斯统一战线的报告。但是库恩·贝拉等人仍然坚持要把社会民主党视为最反动的势力，反对共产党与之进行合作，建立统一战线的策略。由于库恩的"左"倾错误，加上他曾经在关于"一国建设社会主义"的问题上倾向过托洛茨基的观点，因此受到共产国际主席团的严厉批评，库恩被迫做了自我检讨。

由于库恩·贝拉长期侨居国外，日益脱离了国内的斗争实际，他的一些主张遭到了国内领导人的抵制。1936 年 1 月，共产国际执委会开会讨论匈牙利局势，会议谴责以库恩为首的匈牙利共产党领导人在党内"阻挠七大路线的贯彻执行"。同年5月,执委会再次讨论匈牙利局势,又一次批评匈牙利共产党领导人对七大采取"宗派主义"的做法,并改组了匈牙利共产党中央委员会,库恩被解除了职务。随后,库恩主动请求解除了他在共产国际中的职务。同年秋天,库恩被任命为《政治读物》出版社的经理。

1937年6月29日深夜,库恩·贝拉受诬告被捕,随后下落不明。后来经证实,他已于1939年11月30日死在狱中,直到1956年恢复名誉。

回顾库恩的一生,虽然命运多舛、生活坎坷,但他却始终心系匈牙利革命事业,并为之奋斗终生。他不仅是一位杰出的无产阶级革命活动家,而且是一位卓越的马克思列宁主义理论宣传家。他曾经撰写了大量的文章和小册子,同毕尔曼合编了《共产国际文件汇编》,还著有《论匈牙利苏维埃共和国》《库恩文章和讲话选集》等。人们为了纪念这位伟大的匈牙利共产主义革命家,在匈牙利首都布达佩斯至今仍设有库恩·贝拉广场,并矗立着他的塑像。通过他那伟岸的身躯,人们会不由得回忆起那段激荡人心的历史。

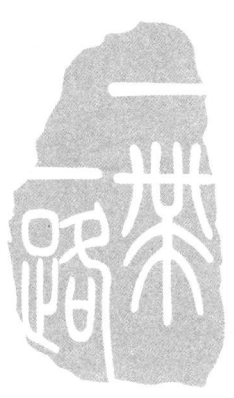

民族解放运动领袖
——科苏特·劳约什

科苏特·劳约什（1802—1894），匈牙利民族英雄，1849年成为匈牙利共和国元首。科苏特·劳约什出生在奥地利哈布斯堡王朝统治下的匈牙利王国东北部莫诺克市一个贫寒的律师家庭，早年就读于加尔文教派的萨罗什保陶克大学，1821年毕业，取得律师资格后在家乡做了8年律师和小官。1832年当一些议员缺席时，他被派往波若尼（当时匈牙利的首府）充当等级议会代理代表，从此涉足政界。1837年政府以煽动叛乱罪处他三年监禁，1841年获准担任《佩斯报》编辑，并使它成为匈牙利第一份政治报纸。1847年秋天，科苏特被选为佩斯州的代表参加1847—1848年的议会，他亲自起草了作为反对派的正式纲领《反对派宣言》。这时，他已经作为民主派的领袖登上了政治舞台。作为匈牙利民族解放运动的领袖，他领导了匈牙利1848年至1849年革命，为消灭封建的农奴制度、推翻哈布斯堡王朝的统治、争取匈牙利民族独立贡献了毕生的精力。匈牙利人民亲切地称呼他为"科苏特老爹"，就如同恩格斯所评价的那样，"长期以来，我们第一次见到了真正的革命性质，第一次看见了一个敢于代表本民族人民接受敌人的挑战而进行殊死斗争的人——科苏特"。时至今日，在匈牙利的首都及其他城市中都建有科苏特的塑像，很多的广场和街道都以他的名字命名，还有以《科苏特》为名的交响诗广为流传，相信这足以表达匈牙利人民对他的怀念和敬意。

01 / 初涉政界：以笔为刃

1802年9月19日，科苏特·劳约什出生在哈布斯堡王朝统治下的匈牙利东北部的部莫诺克市，他的父亲虽然身为贵族，但却是个没有土地的穷律师。少年科苏特在萨罗什保陶克大学学习法律，那时的他深受法国大革命思想的影响。1821年，科苏特大学毕业后，在1823年取得律师资格。从1824到1832年，苏科特一直在自己的家乡担任地方法官。

1832年底，科苏特·劳约什当选了波若尼等级议会的代表，自此开始涉足政界。随后，科苏特主持创办了《议会通报》（1832—1836年），并将其作为议会反对派的喉舌，通过它来向广大人民宣传和呼吁保卫匈牙利民族利益，并主张进行社会改革。在议会休会期间，科苏特继续创办《市政通报》（1832—1837年）。因为在匈牙利人民中散发国民议会和县议会有关改革的辩论记录，以及发表不利于哈布斯堡王朝统治的言论，科苏特在1837年5月被逮捕，创办的刊物也被查封。从1837年到1840年，科苏特在牢中度过暗无天日的3年，直到1840年5月，科苏特才获释。

长期以来，匈牙利都是在奥地利哈布斯堡王朝统治下的一个封建农奴制国家。从奥地利哈布斯堡王朝的实际利益出发，它把匈牙利当成了原材料的供应地和推销过剩产品的市场，只允许匈牙利发展农业和畜牧业。此外，土地分配也极为不均，人数占多数的小农只占全国可耕地的5%左右，而拥有1000霍尔特以上土地的大地主却占有了可耕地的31%左右，大量没有人身自由的农奴被束缚在狭小的土地上，每年还需要向地主缴纳昂贵的地租，当时大约有300万赤贫如洗的农奴生活在水深火热之中。

随着国际资本主义的不断发展和奥地利资本主义势力

的持续渗透,在19世纪三四十年代,匈牙利的资本主义得到较快发展。机器和良种开始在大地产中使用,与此同时雇佣劳动力也越来越多。不但钢铁企业、纺织企业蓬勃发展,蒸汽碾磨厂、酿酒厂、制糖厂、农业机器制造厂、丝织厂等也如雨后春笋般纷纷出现。在1846年,匈牙利修建了第一条铁路,并建成了一个多达1000名工人的造船厂。据统计,从1828年到1846年,从事商业活动的人数从9000人增长到了21000人左右,极大地促进了商业资本的繁荣发展。但是哈布斯堡王朝的统治严重阻碍了匈牙利的发展,因此反对封建制度、发展资本主义成为了匈牙利各阶层人民的共同要求。由于城市资产者还没有形成阶级,因此具有中、小地产的自由贵族被推到了革命的前台,而这个阶级的中心代表人物就是科苏特·劳约什。

1841年1月,科苏特·劳约什创办了《佩斯报》,他以此报纸为阵地,宣传民族解放的思想,呼吁进行资本主义的改革。他通过编辑的身份撰写了大量文章,并在这些文章中提出了一系列主张:要实现民族自治,农民可以通过赎买土地的方式来获得土地,这样能够实现解放农奴的目的;要废除贵族可以豁免捐税的特权,贵族应和农民共同负担捐税;要大力发展工业,因为"没有工业的民族就像是一个单臂巨人";要进行民主选举等。《佩斯报》获得了巨大的成功,创刊仅半年后,销量就从600份增加到了4000份,这在匈牙利新闻史上还从来都没有过。

科苏特·劳约什的一系列主张遭到19世纪30年代改革先驱者塞切尼的强烈反对,他认为科苏特的观点是把匈牙利放到了哈布斯堡王朝的对立面,而这就意味着"把匈牙利推向坟墓",应该采取温和的手段,和哈布斯堡王朝"手挽手"进行内部改良。这场争论引起了社会各界人士的关注,而议会反对派中几乎所有重要人物都站在了科苏特这一边。由于科苏特的一系列言论不利于反动当局的统治,《佩斯报》在1844年中期被查封。

因为重视工业发展,科苏特·劳约什在1842年领导组织了匈牙利第一次工业展览。在1843到1844年的议会里,科苏特联同议会反对派一起迫使议会通过了实行保护性关税的议案,但是这份议案遭到了奥皇费迪南五世的反对。于是在1844年,科苏特创办了匈牙利交通协会、建厂协会和抵制奥货的保护协会，同时他亲自担任抵制奥货保护协会的主席，在全国范围内掀起一个抵制奥地利商品的运动。这个运动推动了某些民族工业的繁荣发展，并促使广大人民群众进一步反对哈布斯堡王朝的政策。于是，一个纯粹经济性质的运动转化为了一个影响深远的政治运动。从1845年起，科苏特开始给《工业协会周刊》撰写文章，他提出要发展民族工业，把匈牙利变成一个独立的关税区，并提议建立一个工业协会。

为了加强对匈牙利的控制，维也纳宫廷更换了匈牙利的总理，让忠于王朝的年轻贵族上任，派行政官到各个州去加强控制，并于1846年底，在匈牙利政府内部成立了绝对忠于王朝、维护旧制度的"保守党"。与此同时，以科苏特·劳约什为首的反对派也在积极地组织力量，努力团结持不同观点的反对派人士，并在1847年组成"反对党"。尽管反对党内部成员在改革速度、方法等方面存在分歧，但在维护民族独立上的观点是一致的。

1847年，科苏特·劳约什被选为佩斯州的代表参加匈牙利封建时代召开的最后一届等级议会，也就是1847—

1848年的议会。科苏特亲自起草了反对派的正式纲领《反对派宣言》,自此,科苏特成为资产阶级民主派的领袖登上了政治舞台。

1848年3月3日,科苏特·劳约什在议会上提交了一份全面的政治纲领草案。草案提出,要制定一个哈布斯堡王朝的宪法,在匈牙利成立责任内阁,废除劳役制度,解放广大农奴,不分贵贱实行普遍课税,让人民拥有普选权,法律面前人人平等一系列资产阶级改革措施,这些措施正是后来裴多菲等人起草的《十二条》纲领的基础。

02 / 革命时期:中流砥柱

1848年的欧洲,资产阶级革命开始风起云涌。首先爆发了巴黎工人起义,随后又有布拉格起义。奥地利的首都维也纳在3月13日也爆发了革命,奥皇迫于形势不得不免去梅特涅的首相职务,并同意制定宪法。这个消息传到了匈牙利，引起了轩然大波。

1848年3月15日，以裴多菲为首的10人小组组织发动了3月15日革命，大批示威的群众包围了市政厅，他们要求市长接受《十二条》。以科苏特·劳约什为首的反对派在议会中也遥相呼应，他在保卫革命成果、迫使维也纳宫廷支持革命等方面发挥了决定性的作用。

1848年3月15日，科苏特·劳约什亲自率领高级代表团赴维也纳进行谈判。维也纳的人民热情地欢迎了这位邻邦的革命领袖，因为他在3月3日的草案中提出了同样给奥地利人民制定宪法的要求。据科苏特后来回忆，在1848年3月15日这一天，维也纳皇城中做主的不再是哈布斯堡家族，而他本人成为了事件的主宰人。在这次谈判中，科苏特凭借他出类拔萃的口才和杰出的政治才干发挥了决定性的作用，最终迫使奥皇同意成立了匈牙利责任内阁。

1848年3月17日，奥皇授权主张对哈布斯堡王朝妥协的温和派波江尼·劳约什组建内阁，并任命科苏特·劳约什为财政部长。虽然这个政府仍然采取阻碍革命发展的立场，但科苏特在其中代表了激进派的声音。在他的影响下，政府在 1948 年 3 月 18 日通过了一系列法令，包括在军事和财政上独立自主、和特兰西瓦尼亚进行联合、取消劳役制、实行普遍课税、出版自由、法律面前人人平等的法令等共计 35 条，这些法令被称为"48 年法令"。这部法令宣告了几百万农奴的解放，废除了长达几个世纪的劳役制和什一税，它在实际上消灭了封建制度，为匈牙利资本主义发展开辟了道路。

哈布斯堡王朝对于匈牙利革命所取得的胜利当然不甘心。随着欧洲各国的革命相继失败，哈布斯堡王朝终于腾出手来对付匈牙利革命，他们决定用武力来讨伐匈牙利，暗地里让克罗地亚总督叶拉契奇组织武装，准备行动。

1948 年 8 月 31 日，接到进攻命令的叶拉契奇迅速出兵，占领了匈牙利的出海口费乌兹。对奥皇仍然抱有幻想的妥协派决定派出代表团去维也纳进行谈判，但是根本没有受到接见。以科苏特·劳约什为首的激进派坚决反对妥协派的观点，他们在国会中坚决主张进行抵抗。广大革命青年在裴多菲等人的领导下，成功组织了一支拥有 10 个营的国防军，而这 10 个营成为了后来国防军的基础。

1848年9月11日，在叶拉契奇带领下，35000名装备精良的奥军大举进攻匈牙利。匈牙利军队在人数上处于劣势，大部分出身贵族的指挥官拒绝抵抗，一味地选择退缩。叶拉契奇的军队步步推进，不断取得胜利。在这个危急关头，匈牙利政府被迫辞职，大量贵族逃往维也纳。

在科苏特·劳约什的建议下，1848年9月16日，匈牙利成立国防委员会，用它来代替政府行使职权，由科苏特担任主席。哈布斯堡王朝在武装进攻的同时，耍起了和平手腕，并派代表进行谈判，但得知消息的广大民众在码头将之认出，并就地处死。

国防委员会积极组织广大民众进行反抗，科苏特·劳约什亲自去招募新兵。在他的感召下，广大人民纷纷加入自卫军，仅10天时间就有5万民众加入。据统计，在9月15日有15000名青年走向作战前线，而到了9月30日，仅布达佩斯一地就有4万人加入国防军。在奥军中服役的匈牙利士兵纷纷脱下奥军服饰，并换上象征祖国的红色标志，选择为祖国而战。据统计，服役的匈牙利士兵，平均每12个人中就有10个人选择回国。多瑙河西部的农民自发地组织起来，以镰刀和锄头为武器，同烧杀抢掠的敌人进行斗争。此外，起义的农民还通过抓捕敌人邮差、向敌军军营射击、干扰敌人后勤等途径奋勇作战。匈牙利制造枪炮的工厂火力全开，努力加大生产。国家还发行了面值为5福林的纸币，要知道在革命前匈牙利并没有自己的货币。一时间，广大的匈牙利人民充满了民族自豪感，纷纷选择为争取民族独立自由而战。

1848年9月29日，在以科苏特·劳约什为首的国防委员会带领下，匈牙利军队成功阻止了叶拉契奇的军队向首都进军。叶拉契奇提出谈判，并请求休战3天。按照协议，谈判期间双方军队应驻守原地，但没有想到叶拉契奇却趁机带军逃跑。匈牙利军趁势追击，成功歼灭近1万名敌军。1848年10月7日，匈牙利军包围了叶拉契奇的侧翼部队，迫使9000名士兵放下武器，至此，匈牙利人民终于将敌军全部赶出自己的国土，赢得独立战争第一个回合的胜利。

维也纳宫廷对于叶拉契奇的惨败十分惊恐，而匈牙利人民胜利的消息给维也纳人民也带来了极大的鼓舞。1848年10月6日，维也纳再次爆发革命，奥皇斐迪南一世及大臣们逃往奥尔木茨。不甘失败的维也纳宫廷计划反扑，并任命迪什格雷茨为总司令，命其镇压维也纳和匈牙利的革命。维也纳的革命者向匈牙利发出请求，希望仍然滞留在奥匈边境线上的匈牙利军队帮助他们。以科苏特·劳约什为首的国防委员会同意了他们的请求，并在1848年10月10日下达命令，要求莫高所部军队越过边境线追击叶拉契奇的残余部队，进而声援维也纳的革命军。但是莫高拒绝执行命令，选择按兵不动。

1848年10月18日，科苏特·劳约什亲自赶往前线，指挥战斗。同年10月28日，匈牙利军队终于越过奥匈边界线进入奥地利境内，但此时已经失去最好的时机。1848年10月30日，匈牙利军队在施韦哈特附近被奥军击败。

在施韦哈特战役后，奥地利皇军与匈牙利军休战长达6个星期，作战双方都在努力加强自己的兵力。科苏特·劳约什在国会上发表宣言，呼吁和号召广大人民加入军队。并保证，凡是在战斗中致残者，每人会分到10霍尔特土地。匈牙利各阶级各民族人民踊跃参军，参军的不仅有匈牙利人民，还有来自波兰、奥地利、德国、意大利等国的自由战士。据统计，在4月还只有14个营的国防军，到了12月已经发展到了64个营，炮队和骑兵也分别发展到12个旅和10个旅。与此同时，维也纳发生了宫廷政变，弗兰西斯·约瑟夫成为新的奥皇，并兼任匈牙利的国王，雄心勃勃的约瑟夫上台不久就发布了向匈牙利进攻的命令。

1848年12月13日，奥皇派文迪什格雷茨元帅率领5万训练有素、装备精良的奥地利军队向匈牙利发起进攻，而与之对战的是由戈尔盖率领的只有25000人的国防军。面对数倍于己的敌人，戈尔盖一心想要保存自己的实力，放弃抵抗，导致节节败退。而国防军的另一支主力也遭到重创，导致多瑙河以西地区接连失守，严重威胁到匈牙利首都布达佩斯的安全。

1849年1月5日，匈牙利首都布达佩斯失守，以科苏特为首的国防委员会被迫转移到德布勒森。在混乱中，有的国会代表选择投敌、有的选择逃亡、还有的选择隐退，而这个时候，科苏特坚定地选择和人民在一起。他在逆境中选择继续英勇作战，在他的努力下，撤离工作顺利完成，众议院恢复了工作，兵工厂、被服厂等也相继开工。

当时,奥皇向欧洲各国发出通缉令,要求逮捕科苏特。普鲁士政府积极响应,并想要捉拿科苏特向奥皇邀功。对此,恩格斯讽刺道:"科苏特还在德布勒森执掌政权,他受到全体匈牙利人民的热烈拥戴,科苏特的勇敢骑兵还驰骋在匈牙利的普什塔草原上,文迪什格雷茨还无可奈何地在泥泞的蒂萨河岸上踢球,因此你们的逮捕令与其说会引起恐惧,倒不如说会引起嘲笑!"

1849年,匈牙利在军事上获得了新的转机。经过长达8个小时的艰苦作战,匈牙利军队占领了加里西亚的布朗尼斯科隘口,并在2月差不多收复了整个特兰西瓦尼亚。1849年2月,科苏特想要发动反攻,并任命波兰将军德姆比斯基为总司令。由于德姆比斯基不太了解匈牙利的具体情况,也没有得到匈牙利军官的全力支持,因此匈牙利军队在卡波尔纳战役中遭到夹击,不得不退回蒂萨河北部地区。

1849年3月28日,奥皇弗朗西斯·约瑟夫颁布了哈布斯堡王朝新的宪法,即《德意志帝国宪法》,这一宪法试图将奥地利包括在内的多个德意志邦国统一在一个立宪制国家框架下。

1849年4月1日，科苏特重新任命戈尔盖为总司令，计划让戈尔盖、克劳普卡和多米扬尼奇所率领的军队联合起来共同作战。4月2日，多米扬尼奇率领的军队在豪特冯地区击败奥军。4月4日，克劳普卡率领的军队包围了奥军，迫使其退回到佩斯。4月6日，匈牙利军队在绍伊塞克附近再次打败敌军，取得胜利。4月10日，多米扬尼奇所率领的军队攻克了北方要塞瓦茨。4月24日，戈尔盖率领的军队收复了科马罗姆要塞。

在胜利的消息接连传来的时刻，匈牙利议会也采取了相应的措施，宣布废除奥尔米茨宪法。1849年4月14日，在德布勒森大教堂召开的议会上，科苏特宣读了《独立宣言》。他宣布匈牙利是个"欧洲自由、自主和独立的国家"，同时他以民族的名义宣布：因哈布斯堡家族在"灾难不断的3个世纪中所犯下的罪行"，应"立即废除其王位，驱逐出匈牙利并加以流放"。《独立宣言》在议会上获得一致通过，科苏特被选为新的国家元首。在他的带领下，匈牙利军队接连打了好几场大胜仗，击溃了奥军的主力部队，并在5月21日光复了首都。

在匈牙利军队取得一系列胜利后，哈布斯堡王朝意识到已经无法单独镇压匈牙利革命了。1849年5月9日，沙皇尼古拉一世发表宣言，称应奥皇弗兰西斯·约瑟夫的请求，他将出军队支持哈布斯堡王朝的统治。1849年5月21日，奥皇和沙皇在华沙进行会面，共同商讨镇压匈牙利革命的计划。1849年6月15日，沙皇派20万的军队向匈牙利袭来。据统计，装备精良的俄奥联军人数多达37万，拥有大炮1192门。而与之相对的，是缺乏训练的只有152000名士兵、450门大炮的匈牙利军队。由于力量对比过于悬殊，再加上反动军官的叛变，沙俄军队很快进入匈牙利的腹地。

科苏特想要在地奥劳德附近与敌人决一死战，但因戈尔盖的拖延未能实现。此外，科苏特还制定相关政策，满足广大农民对土地的需求。1849年7月14日，科苏特还签署了成立匈牙利和罗马尼亚人民联盟的协议书，希望联合少数民族共同作战。在1849年7月28日，议会还通过了少数民族法令，这是匈牙利历史上第一部具有进步意义的少数民族法令，只是此时一切都已经为时过晚。

1849年8月11日，科苏特被迫辞去职务，他在辞职声明中说:"只要我的死能对祖国有所裨益,那我将欣然地献出我的生命。"由于敌我力量过于悬殊、反对军官的叛变,再加上未能解决农民的土地问题和团结非匈牙利的民族,随着1849年9月27日最后一声枪响,轰轰烈烈的匈牙利革命最终在国际反动势力的联合镇压下落下帷幕。

03 流亡岁月:矢志不渝

匈牙利的革命战争失败后,科苏特连同一千多名战友共同穿越了南方的国境线,流亡到了被土耳其占领的保加利亚,并遭到土耳其的软禁。土耳其曾经提出,只要科苏特肯皈依穆斯林,就可以让他出任高官。对此科苏特毫不犹豫地拒绝了。

1851年9月,科苏特及妻子在美军的帮助下乘坐一艘美国的军舰偷渡到了英国,他曾在英国发表演讲:"我是一个相信正义、权利和自由的人,并将一生都始终坚持。我关注和热爱所有国家的自由，就像关注和热爱我自己国家的自由。"

在 1851 年 12 月，科苏特踏上了美国的领土。从 1851 年 12 月到 1852 年 7 月间，科苏特走过了纽约、俄亥俄、宾夕法尼亚、马里兰、肯塔基、新泽西、印第安纳、亚拉巴马、密西西比、密苏里、南卡罗来纳、佐治亚、弗吉尼亚、北卡罗来纳、康涅狄格、马萨诸塞等十几个州和华盛顿特区，并发表了多达 600 个演讲。在广大的美国民众眼中，科苏特作为匈牙利革命的领袖是自由的化身，美国人亲切地称他为"欧洲的华盛顿"。美国纽约市的市长称科苏特为"自由和人权的杰出战士"，还有律师代表对科苏特说："我们认为您是一位坚强、坚贞不屈和善于雄辩的人权的倡导者，自由的战士，而且还是你们国家不可征服的英雄和爱国者。"在美国，科苏特受到热情的接待，先后受到了政界的要人、国会的议员甚至美国总统的接见，而这对于一个在外流亡的政客来说是十分罕见的，连科苏特自己也认为在美国受到了"史无前例"的盛情招待。

科苏特来美国的主要目的是争取美国的帮助，他希望美国能够承认匈牙利的独立,并告知俄国不再插手匈牙利的事务,还希望美国在经济上给予援助。在科苏特看来,如果没有外来者的干预,匈牙利革命定能够卷土重来,并取得最终的胜利。虽然科苏特受到了美国热情的接待,但美国一直坚守不介入欧洲事务的孤立主义外交政策,没有像他所希望的那样伸出援助之手。

1859年,科苏特返回西欧后年迁居英国伦敦,但他被英国的维多利亚女王视为令人讨厌的造反者,随后不得不迁居都灵。在那里,科苏特与意大利革命三杰之一的马志尼成为好友。1859年爆发了奥法战争,科苏特建立了匈牙利军团,协同加里波第的军队共同进行反奥战争。但在战争进行到一半的时候,法国因不愿看到意大利实现统一,便转变策略,与奥地利谈和,于是科苏特想要借助外力复国的希望破产了。

1867年,奥地利和匈牙利两国的统治者达成了具有妥协性的《奥匈协定》。科苏特毫不动摇地反对,呼吁人民应坚持1848年的独立纲领,他宣称:"同维也纳进行秘密交易的帷幕开始慢慢揭开了……我从这个事实中看到了匈牙利民族将要走向灭亡。"但是这项协议签订之后，匈牙利国内外的阶级矛盾得到了暂时的缓和，匈牙利的民族资本主义得到了加快的发展。关于这项协议，到今天仍然是匈牙利史学界争论的一个问题，但科苏特所表现出的民族气节是一致得到认可的。

1894年3月20日，科苏特在意大利的都灵逝世。随后，他的遗体被运回祖国匈牙利。广大的匈牙利人民不顾当局的干扰，为他们心目中的伟人举行了隆重的安葬仪式。时至今日，经常有民众会去科苏特广场，向这位伟大的革命领袖致以最崇高的敬意。

匈牙利伟大的民族英雄

——拉科齐·费伦茨二世

匈牙利民间广泛流传着一首名为《拉科齐之歌》的乐曲，它气势磅礴、雄壮粗犷、令人振奋，今天举世闻名的《拉科齐进行曲》正是由它改编而成。这首咏唱风格的器乐曲最初源自匈牙利伟大的民族英雄拉科齐的军中。

拉科齐·费伦茨二世（1676—1735），本名拉科齐·费伦茨，18世纪匈牙利特兰西瓦尼亚大公，他出生于一个具有爱国传统的贵族世家。他很小就在维也纳由科洛尼奇红衣主教托养，后被送到捷克南部一座小城市的耶稣教会学校念书，14岁中学毕业后去罗马求学，皈依天主教。1694年，他携带奥籍妻子回匈牙利定居，正是神圣罗马帝国哈布斯堡王朝统治匈牙利的最黑暗的年代。拉科齐尽管以拥有190万霍尔特土地的大地主身份担任了萨罗什州的州长。农民起义斗争风起云涌，1697年他选择了当年父辈反抗哈布斯堡王朝的道路。他曾因暗中联法抗敌而遭逮捕，后经妻子和朋友营救脱险，逃亡到波兰。1703年，他被推举为起义军首领。在他的旗帜下，广泛团结匈牙利境内各民族各阶层的人民加入战斗的行列，他的军队很快达到数万人，最高潮时曾有过10万人之多。伴着《拉科齐之歌》动人的旋律，匈牙利人民掀起了大规模的争取民族独立的运动，一度推翻了奥地利哈布斯堡王朝对匈牙利的殖民统治，拉科齐成为独立的匈牙利的国家元首。虽然拉科齐领导的独立战争最终以失败告终，但他领导人民反抗哈布斯堡王朝的事迹，已被载入匈牙利民族解放独立运动的史册，并被匈牙利人民看作历史上光荣的一页。

01 乱世中降生

1526 年，匈牙利王国对抗奥斯曼帝国的第一次摩哈赤战役的失败，可以说是匈牙利王国日趋没落的历史转折点，也是匈牙利民族心口上一道永不可愈合的伤口。从 16 世纪中叶至 17 世纪末，完整的匈牙利国土被无情地分裂成 3 个部分：多瑙河和蒂萨河之间的国土被土耳其直接占领；西部和北部的国土由哈布斯堡王朝的斐迪南进行统治；东部的特兰西瓦尼亚由未成年的匈牙利国王日格蒙德·亚诺什进行统治。曾经完整独立的匈牙利现在变得一分为三，同时还面临着土耳其和哈布斯堡王朝的双重压迫，广大的匈牙利人民生活在水深火热之中。

1676年，拉科齐·费伦茨就是在这样的动荡之年来到人世，他虽然出生在一个贵族世家，但爱国却是他的家族用血肉镌刻的光荣传统。拉科齐的父亲拉科齐·费伦茨一世身份尊贵，是特兰西瓦尼亚大公，但是他并没有凭借尊贵的身份安于享乐，反而积极参加反抗哈布斯堡王朝的活动，并在拉科齐降临于世的这一年，因为参加贵族反哈布斯堡王朝的密谋而被处以极刑。

拉科齐的母亲兹里尼·伊洛娜是匈牙利历史上十分杰出的女英雄。在1685年，她指挥了著名的反抗奥军的蒙卡茨堡战役，在战火的摧残中仍然坚守蒙卡茨堡长达3年之久，可以说在匈牙利战争史上创造了以少胜多、以弱胜强的军事奇迹。在蒙卡茨堡被包围期间，年幼的拉科齐一直跟随着她的母亲饱受战火的洗礼，坚强勇敢的品质、不屈不挠的精神……这些都是乱世赐予拉科齐宝贵的财富。然而幸运之神并没有眷顾这对母子，最终蒙卡茨堡还是沦陷了，拉科齐母子二人一起被虏到了奥地利的维也纳。

到了维也纳后，拉科齐被交由科洛尼奇红衣主教托养，自此和母亲分离。随后，拉科齐被送到捷克南部一座小城市的耶稣教会学校念书。在拉科齐14岁中学毕业后，他开始到布拉格去求学，主要学习哲学。年轻时候的拉科齐，十分勤奋好学，同时才思敏捷。在布拉格，他不仅学习了哲学，还对神学、物理学、建筑学甚至军事学都有所涉猎，他就像是一只海鸥，在知识的海洋中不断搏击成长。

两年后，拉科齐因为两个姐姐争夺继承权的缘故而被召回维也纳。但不久之后，他就去了意大利，继续在罗马求学。那时的他对宗教表现出了浓厚的兴趣，并皈依了天主教，反对新教。直到1694年，也就是在拉科齐18岁那年，他才被准许携带奥籍妻子回匈牙利定居。

02 / 困境中成长

1686年,匈牙利的一部分贵族联合哈布斯堡王朝共同对土耳其发动战争,通过这场战争成功地把土耳其人驱逐出了匈牙利,从而结束了土耳其对匈牙利长达一个半世纪的统治。为了报答哈布斯堡王朝帮助赶走了土耳其人,在1687年,匈牙利议会宣布放弃了自由选择国王的权利,并且承认哈布斯堡是世袭王权的代表者,此外,还在《黄金诏书》中删去了"国王如不履行自己的诺言,家臣有权抗拒"的条款,而这意味着剥夺了反抗国王不法行为的权利。

驱逐土耳其人后,匈牙利人民希望的美好生活并没有降临。正应了一句"前有豺狼后有虎",哈布斯堡王朝取代土耳其人后在匈牙利进行了更加黑暗的统治,17世纪末,匈牙利的所有权力都集中在德国皇帝所指派的总督手中。大量来自奥地利的官吏和占领军纷纷来到匈牙利,而原来七八万名戍守边疆的匈牙利军队全部被遣散返乡。在维也纳宫廷看来,匈牙利已经成为被它永久征服的一个隶属省份,于是将大量鲸吞蚕食来的匈牙利土地来犒赏给自己的将军和属下。而原来高高在上的匈牙利贵族,即使手中拥有最完备的产权证明,也必须得交纳赎金才能够拿回原本属于自己的产业。连贵族都遭到如此盘剥,更不用提更多的农奴了。拉科齐就是在哈布斯堡王朝统治匈牙利的这个最黑暗的年代回到了阔别已久的祖国。

哪里有压迫,哪里就有反抗。为了逃离苦难,大批农奴选择背井离乡,纷纷逃到深山老林中去。在特兰西瓦尼亚毗邻的东北部深山老林中,隐藏着一批反对哈布斯堡当局的贵族和新教徒。这些农奴、贵族、新教徒共同联合起来,他们以"库鲁茨军"为名,决定效仿1514年的农民战争的参加者十字军,在各地多次举行起义,并且袭击地主的庄园,一时间威震全国。

当时,拉科齐是拥有多达190万霍尔特土地的大地主,同时他凭借大地主的身份担任了萨罗什州的州长。身为州长的拉科齐面临着双重压力,一方面,他深刻地感觉到在异族统治下的匈牙利只会更加地积贫积弱、国破民穷;另一方面,威震全国的农奴革命给他带来了直接的威胁。

1697年，匈牙利北部的赫迪阿尔加爆发了农民起义，拉科齐不得不匆忙地逃往奥地利的维也纳。直到农民起义被镇压以后，他才又重新回到自己的庄园。维也纳宫廷现有的政策使拉科齐认识到个人的财产与安全根本无法得到保证，于是他认真思考，最终选择和他父亲拉科齐·费伦茨一世一样的道路——反抗哈布斯堡王朝的异族统治。

拉科齐认真思索对策，最终决定联合法国共同抵抗哈布斯堡王朝，于是他写信向法国国王路易十四求援。没有想到，奥地利的间谍截获了他的信件，拉科齐因此被逮捕。后来，经过妻子和朋友想方设法的营救，萨科齐最终得以脱险，并且逃亡到了波兰。这次失败的经历并没有把拉科齐打垮，他很快就重燃斗志，越发坚定了要推翻哈布斯堡王朝的异族统治、为祖国重夺自由而献身的决心。

03 时势造英雄

1703年，被镇压而逃亡的农奴派了代表去见拉科齐，诚恳地请他回国，并且担任起义军的首领。拉科齐答应了农奴的请求，正如他在后来的回忆录中所写："一个年轻人的冲动和对祖国的热爱"促使他做出了这样的决定，他立志要报答"人民的信任和爱戴"。于是，拉科齐和农奴之间签订了协议，并为武装起义积极做准备。

1703年5月12日，拉科齐发表了一篇著名的号召书，名为《匈牙利无辜人民的苦难更加沉重了》，其中明确指出，面对哈布斯堡王朝的残暴统治，"贵族和平民一样"，凡是匈牙利人都应该拿起武器，为恢复祖国的独立而战斗。同样在这一天，拉科齐亲自书写了一面大旗，上面写着"为了祖国和自由"，并将这面大旗交给了一位农奴代表艾塞·道马什。后来，艾塞·道马什成为了独立战争中非常有名的司令官，并为了伟大的革命事业流尽了最后一滴血。

1703年6月16日，拉科齐越过边境回到了自己的祖国匈牙利，正式加入了库鲁茨起义军，并且成为了这支军队的领袖。为了最大程度地团结匈牙利人民，拉科齐公开发出了号召："谁为了把苦难的匈牙利从奴役下解放出来而战斗，就将豁免一切负担。"虽然拉科齐本人是信仰天主教的贵族，但是他并没有进行宗教限制，反而保证新教徒的宗教自由。在这样的背景下，人们像潮水般涌入拉科齐的军队，起义军的人数很快就达到数万人，最高潮的时候曾经达到10万人之多。在拉科齐的旗帜下，起义军广泛团结了匈牙利境内各阶级各民族的人民，其中有匈牙利民族的人民，也有非匈牙利民族的人民；有城市贫民和广大的农奴，也有破产的中小贵族、某些大贵族和僧侣。这支起义军衣衫褴褛、赤脚袒胸，手拿棍棒、铁叉作为武器，在拉科齐的率领下向残暴的哈布斯堡王朝发起进军。

最初的战况并不如人意。1703年6月24日，在拉科齐母亲曾经坚守过的蒙卡茨堡附近，以棍棒为武器的起义军遭遇了装备良好的奥皇的军队，起义军不敌，很快就被击败了。虽然遭遇了挫折，但是起义军的士气并没有因此而一蹶不振，他们斗志高昂，骁勇善战，而且获得了匈牙利人民的支持，一面倒的战争局势开始有了转机。

1703年7月17日，重整旗鼓的库鲁茨起义军经过长达4小时的鏖战终于击败了奥皇军。起义军越过蒂萨河，乘胜追击敌军。在这期间，拉科齐亲自指挥了托考伊、索特马尔、塞格德和艾斯代尔格姆等著名战役，势如破竹的起义军接连攻克了几个重要的城堡，占领了多瑙河与蒂萨河之间的大部分地区。到了1704年5月，库鲁茨起义军几乎占领了整个匈牙利，而起义军的脚步并没有停歇，直接逼向奥地利维也纳，其壮举直接震撼了整个欧洲。

在独立战争取得第一个回合的胜利之后，国际形势开始发生了变化。1704年8月，奥军在巴伐利亚的布伦海姆之战中打败法军，取得了决定性的胜利，而这意味着奥军可以掉过头来专门对付匈牙利的起义军。1704年12月，奥军在纳吉索姆鲍特使库鲁茨起义军遇到挫败，同时也让拉科齐想要联合法国共同抵抗奥军速战速决的希望破灭了，此后战争陷入拉锯战。

在库鲁茨起义军占领下的地区，拉科齐和他的战友在政治、经济和军事等多个方面都开展了一系列卓有成效的工作。在政治方面,从1705年9月12日到1705年10月4日,在森切尼召开了等级议会,会议宣布成立匈牙利联邦,拉科齐被选为特兰西瓦尼亚大公和起义军总司令。在这次会议上,还决定成立了由25人组成的参议院以及经济委员会等国家机构,同时任命了各个州和城堡的领导层。议会制定了同哈布斯堡王朝谈判的条件,要求恢复自由选择国王的权利,同时恢复原来《黄金诏书》中有关反抗国王不法行为的条文。在经济方面,库鲁茨起义军充分利用掌握在手中的全国矿山等资源,大力发展冶炼、石油、纺织和皮革加工等,促使这些行业都有了较大规模的发展,对外贸易也随之繁荣起来,此外,国家还发行了铜币。在军事方面,为了进一步加强和提高库鲁茨起义军的战斗力,拉科齐大力组织和发展了较大规模的军需工业,通过设立兵工厂,自己独立生产大炮和炮弹等武器,以满足前方作战需求。在后方,设立了军事专门学校、军医院等机构,以培养军事人才和军医。此外,还推行农奴士兵及其家属可免交部分捐税等措施,以减少农奴士兵的负担。

森切尼议会以后,局势发生了新变化。新登基的奥皇约瑟夫一世改变了策略，想要通过拉科齐的奥籍妻子和他的姐姐来给他做策反工作，企图通过和谈来扼杀独立战争。面对无尽的诱惑，拉科齐丝毫不为之所动，他爱国、无私的高尚品德，使得这一切阴谋都统统破产。

1705年11月，库鲁茨起义军在日波特附近与奥军作战，起义军不敌，被奥皇军队打败，这让匈牙利一度失去了特兰西瓦尼亚。但是，出身于小贵族家庭的波吉安将军，他所领导的军队解放了多瑙河西部地区，这使得整个战争形势有所好转。1707年初，波吉安将军在人民的帮助下，又成功地击退了来自3支奥皇军队的进攻，并且收复了特兰西瓦尼亚，解放了匈牙利全国。

1707年4月5日，匈牙利召开了等级议会，正式承认拉科齐为特兰西瓦尼亚大公，于是他便以"拉科齐·费伦茨二世"的称号著称于世。从1707年5月31日到1707年6月23日在奥诺德召开的议会上，正式宣布废除哈布斯堡王朝在匈牙利的统治，拉科齐被选为独立的匈牙利国家元首，这意味着被异族统治的匈牙利终于推翻了哈布斯堡王朝的残暴统治，取得了民族独立战争的胜利。

04 功过写历史

中国古语有云:"成也萧何,败也萧何。"这句话用在拉科齐的身上十分贴切,而他的萧何就是农奴。正是因为团结了广大的农奴,拉科齐带领起义军取得了巨大的胜利。同样也因为背弃了广大的农奴,拉科齐领导的民族独立战争没有取得最终的胜利。

成为匈牙利国家元首的拉科齐并没有像他当初所承诺的那样,将"谁为了把苦难的匈牙利从奴役下解放出来而战斗,就将豁免一切负担"变为现实,反而站在贵族阶级的立场上,极力抑制农奴反封建的运动。因为在拉科齐看来,他认为只要拥有了贵族的支持,就能够获得最后的胜利。

随着战争的深入发展,当初那支以逃亡农奴和下层人民为主体的库鲁茨起义军已经悄然发生了变化,大量的贵族纷纷加入其中,而且他们篡夺了起义军的各级领导权。在起义军中担任大尉以上官职的,只有两个人是出身自平民,其余皆是贵族,而这引起了广大农奴士兵的强烈不满。就像拉科齐在回忆中所描述的那样,"贵族们从农奴那里夺回了权力,他们不愿打仗,一心只为自己"。

持久的战争让人们看不到任何胜利的希望,起义军内部的厌战情绪不断增长。一些别有用心的贵族抓住这个机会,他们利用下层人民对战争的不满发动了叛乱。奥诺德议会不但没有采取雷霆手段,反而慑于压力,匆忙地修订法律,宣布贵族可以免税,同时还允许地主有权召回当兵的农奴。此举更是成为导火索,进一步加深了贵族军官和农奴士兵之间潜伏已久的矛盾。

拉科齐根本就不想废除农奴制,反而规定:农奴如果拒绝履行封建义务,那么他将受到严惩。广大农奴士兵对此十分失望,他们认为:"既然我们还是农奴,那么打仗又有什么用呢?"以广大农奴为主的库鲁茨起义军开始人心涣散。为了稳定军心,1708年底召开的议会上又宣布:"凡为自由而战斗到最后的农奴及家属将得到人身自由。"只是此时广大的农奴已经失望了,对议会所宣布的内容不怎么相信了。

拉科齐的对外政策主要是联合邻国来力图保卫自己独立的国家。他通过联合法国路易十四和瑞典的查理十二共同反对哈布斯堡王朝。但实际上，法国只不过通过每年施舍少量的军款，同时派了一个对匈牙利独立战争毫无兴趣的军事代表团来应付了事。到了1708年底，他们已经完全抛弃了拉科齐。为了寻求更多的帮助，拉科齐于1707年9月4日与俄国彼得一世签订了条约。但是，当时的俄国正在同瑞典进行北方战争，自顾不暇，因此也不能够按照约定前来援助。

1708年，拉科齐的起义军在特来切尼附近对奥军的战斗中遭到失败，贵族中的大部分人要么投敌要么逃亡。这时又遇上全国性的瘟疫流行，在这样的背景下，拉科齐不得不选择同奥军司令帕尔福进行谈判。维也纳宫廷拒绝了匈牙利提出的条件，只答应归还被没收的起义军的财产，并准许拉科齐本人收回大约200万霍尔特土地。拉科齐毫不犹豫地拒绝了这种恩赐，继续带领起义军同奥军作战。在连续几次战役失利以后，起义军不得不退守到匈牙利的北部地区。

1711年2月，拉科齐决定亲自去华沙向沙皇彼得一世求援。趁拉科齐离开国内的时候，那些叛变的贵族将军在

1711年5月1日同奥军总司令私自签订了索特马尔条约。根据这个条约,库鲁茨起义军放下武器,而匈牙利则再次成哈布斯堡王朝统治下一个"不可分割"的行省。

拉科齐拒绝接受这种所谓的"和平",一直没有放弃斗争,他先从波兰到俄国,随后又去了法国。从1713年起,拉科齐在路易十四的宫廷里住了几年。1717年,奥地利与土耳其发生战争,拉科齐迁居到土耳其,希望借助奥土战争之机再次发动匈牙利独立战争。但没想到,奥地利与土耳其双方交战不久就签订了合约。1718年,拉科齐被迫迁居到了土耳其的罗多什托,并在那里度过余生。1735年,拉科齐逝世,享年59岁。

18世纪初叶,拉科齐领导了匈牙利人民反对哈布斯堡王朝统治的独立战争,为匈牙利的民族解放事业做出了卓越的贡献。虽然拉科齐领导的这场民族独立战争最终以失败告终,但是被异族统治长达两个世纪之久的匈牙利,在18世纪初叶却以拉科齐·费伦茨二世作为民族独立的象征又独立了几年。所以直到今天,在历史长河中,匈牙利人民都把它看作是自己历史上光荣的一页。就像《拉科齐之歌》

那样，成为匈牙利人民勇敢、不屈的爱国主义精神的象征。而拉科齐·费伦茨二世反抗哈布斯堡王朝的斗争事迹，则被载入匈牙利民族解放独立运动的史册，永远熠熠生辉。

拉科齐是匈牙利民族英雄、政治家、军事家，也被认为是匈牙利知名的文学家。拉科齐生前著有许多书籍，有反映和回忆独立战争历史内容的《回忆录》《战斗人们的学校》，有反映冉森教派内幕的《证据》，还有以揭示大公专制主义为标志的《权力》等，这些著作在匈牙利文学发展史上占有一定的地位。

匈牙利伟大的爱国诗人
——裴多菲

"生命诚可贵,爱情价更高,若为自由故,两者皆可抛。"这首100多年来被世人所传诵的诗篇曾经鼓舞了无数的仁人志士,即使在今天,这首诗依然具有强大的号召力和感染力。这首诗的作者就是匈牙利伟大的爱国诗人裴多菲。

裴多菲·山陀尔(1823—1849),匈牙利的英雄和伟大的革命民主主义者,也是匈牙利著名的诗人、民族文学的奠基人。出生于匈牙利中南部的基什克勒什小镇,两岁时举家迁居到菲尔艾吉哈兹小城。6岁时在当地上小学,不久又转学到克奇克梅特城读书。1830年全家迁到萨波德萨拉什,次年又到萨尔山特列林兹小城的学校读书。1833年裴多菲进入布达佩斯最好的学校学习拉丁语和德语,次年到多瑙河岸边的奥赛德的学校,在这里学习3年。在校学习期间,他不仅热爱写诗,后来热衷于成为流浪剧团演员,他不仅用诗、用表演歌颂劳动者,投身反封建、反民族压迫的斗争,还拿起武器走上反抗外国侵略者的战场,直至1849年7月在与俄国哥萨克骑兵的战斗中献出自己26岁的生命。在他短暂的人生中却留下了无数珍贵的作品:《农村的大锤》、《雅诺什勇士》、《使徒》……他被尊称为"马扎尔抒情诗王",是匈牙利民族文学的奠基人,他的诗作更是堪称 19 世纪匈牙利文学的最高峰。

01 / 贫困少年的求学生活

1823 年 1 月 1 日,在匈牙利中南部一个名为基什克勒什的小镇降生了一个男婴,他就是伟大的爱国诗人裴多菲·山陀尔。裴多菲的父亲名为伊斯特万·彼得罗维奇,是一位出身于斯拉夫的一个没落贵族的后裔,裴多菲的母亲则是马扎尔族的一名农奴。如果按照当时的法律,裴多菲一家可以说是处于社会的最底层。

1824 年,裴多菲一家迁居到了菲尔艾吉哈兹,那是一座只居住着匈牙利人的半农业小城。裴多菲的父亲迫于生计,在这里开设了一间肉铺。裴多菲一直将这座小城视为自己的故乡,并多次在作品中提及,因为他在这里度过了快乐的童年,留下了很多美好的回忆。

1828 年，在裴多菲 5 岁的时候，他的父亲把他送进了菲尔艾吉哈兹的学校，不久之后又让他转学到克奇克梅特城去读书。在这里，年幼的裴多菲除了学习匈牙利语外，还学习了拉丁语。父亲对裴多菲寄予厚望，希望他能够成为一名牧师或者商人。

1830 年，裴多菲一家迁居到了萨波德萨拉什，父亲把裴多菲接回家，并让他在本村的小学继续读书。

1831 年，裴多菲被父亲送到了萨尔山特列林兹小城的学校读书，裴多菲专门攻读拉丁语。远离家乡和亲人的裴多菲心情十分沉重，开始逐渐养成了一种喜爱孤独、性情孤僻、不爱交际的性格，只刻苦读书，喜欢写诗作文。裴多菲十分聪明，他的学习成绩优异，语言天赋优异，除了匈牙利语言外，他还能够用斯洛伐克语进行自由交谈。

1833 年，裴多菲进入布达佩斯最好的学校学习拉丁语和德语。在布达佩斯学习期间，裴多菲对学校的拉丁语和神学课不怎么感兴趣，反而醉心于匈牙利古典作家的作品，如巴拉塞·巴林特、兹里尼·米克洛什等人的作品，特别是魏勒斯马尔蒂·米哈依的作品令裴多菲深深地沉醉和迷恋。

他日夜攻读文艺作品,其中包括海涅和贝朗瑞等人的诗歌。除此之外,裴多菲对戏剧产生了浓厚的兴趣,他几乎每天晚上都会到布达佩斯民族剧院看戏,成了剧院的常客。然而在这一时期,裴多菲的成绩下降了很多,在父亲看来是上流社会的恶习影响了儿子,这令他十分恼火,于是他下决心让裴多菲离开繁华的都市。

1835年,裴多菲被送到了多瑙河岸边的奥赛德求学,并在这里度过了3年时光。裴多菲阅读了大量的欧洲进步书籍和匈牙利古典作家的作品,在完成学校规定的课业外,还积极组织学生团体。

1838年,无情泛滥的多瑙河令裴多菲一家遭受了沉重损失,洪水不仅冲毁了他们的房屋和田地,还卷走了家什和牛羊,整个家庭一贫如洗。对此,裴多菲的父亲无奈地说:"科学对穷人有什么用!它对于穷人来说,就像是狗长的第五条腿。好儿子,到我那里去吧,做个肉店的学徒。"裴多菲没有轻易地放弃自己的理想:"爸爸,不管怎么说,我还想再读书。"父亲认为裴多菲会为自己的固执付出代价,但最终还是同意儿子试试看。同年,裴多菲写下了他的处女作《告别》，这首讽刺诗继承和发扬了匈牙利古典诗歌的传统，初步体现了裴多菲一生所遵循的诗歌语言大众化的特点。

随后，裴多菲来到一个陌生的城市重新开始学习，他成为了那里的公费生。裴多菲穿着破旧的衣服，吃着糟糕的食物，借宿在别人家，睡在稻草垫子上。优秀的成绩并不能让裴多菲免受富家子弟的嘲笑。周围的人们总是对他无情地冷嘲热讽。此时，能够安慰裴多菲的就只有戏剧和书籍了。当时城中来了一些演员，裴多菲为了能够欣赏全部的演出剧目，他甚至把最后一点家私都变卖了，还因为旷课而失去吃免费午餐的资格。

裴多菲的一位同学曾经回忆道："他最喜欢阅读关于匈牙利历史的书籍，大家对于他的知识都很惊讶。他写的诗歌，就连老师都怀疑是否是从什么地方抄袭来的。"只有在学校的文学小组里，裴多菲精神才会振奋起来，其中在1939年的小组记录中写道："在小组的第一次会议上，裴多菲·山陀尔朗诵了一首漂亮的诗。"然而这一切并没有给裴多菲带来好运，他开始变得更加敏感而痛苦。

在所有的课外读物中，裴多菲最感兴趣的就是匈牙利历史的著作。由于他的爱国主义观点同历史老师的亲哈布斯堡王朝的观点发生了冲撞，所以在期末考试的时候，即使裴多菲将每道题都对答如流，历史老师还是没有让他及格。留宿裴多菲的房主也经常向老师抱怨，裴多菲不但回来得很晚，还整夜地读书，并给裴多菲的父亲写信抱怨。

当不及格的成绩单和房主抱怨的信传到裴多菲父亲的手中，他大发雷霆。饱受不公的裴多菲没有屈从于父亲的压力，反而断然决定："要离开这里，我简直待够了！要想办法使自己能生活下去！"他毅然地走上了背井离乡的流浪之路。

02 倔强少年的流浪生涯

1839年，离开学校准备踏上新的征程的裴多菲奋笔疾书，留下了一首《命运是残酷的》，该诗的内容是：

命运是残酷的,

它不让伊甸园的日子,

长久地伴随着我们。

伊甸园啊!

无论你在地球的什么地方,

我都是你的信徒。

我的胸膛都为你而燃烧。

在与同学们告别之后,裴多菲带着装有两件衬衫和一块面包的麻袋开始了新的生活。他曾在农奴家落脚,也曾跟在雪橇后面跑,这一路的艰辛让16岁的少年知道了生活的不易和社会的艰险。在经过3个星期的长途跋涉,裴多菲终于到达了他的第一个目的地布达佩斯。在这里,他曾经度过了十分难忘的岁月,还欣赏过精彩的戏剧演出。对戏剧拥有浓厚兴趣的年轻人终于确定了自己的目标,他来到剧院恳请剧团能够收留他。由于剧院正好缺一名杂役,剧院老板就同意裴多菲留了下来。在剧院中,裴多菲的主要工作就是整理舞台、搬舞台道具和打扫卫生,有时演员也会给让他跑腿买一些面包、香肠和酒之类的东西。

后来裴多菲曾经回忆过这一段经历:"那时,一天的活儿干下来真的是腰酸腿痛。回到住处后,我那疲惫不堪的头躺在硬板床上。尽管我一无所有,但我觉得,我似乎得到了一种荣誉……"对人热情、干活麻利的裴多菲很快就得到了剧院众人的喜欢,不久之后他就开始在舞台上出演一些不需要说话的龙套角色。通过近距离欣赏演员们拍戏和演出,裴多菲开始学习演员们的精湛演技并认真揣摩剧本的情节,这不仅提升了他的文学素养,还开阔了他的社会视野。然而好景不长,当裴多菲的父亲获悉裴多菲竟然在布达佩斯当了演员,他气得七窍生烟,并和一个亲戚串通,让亲戚将裴多菲骗出了布达佩斯。

涉世未深的裴多菲果然上当了,随后他跟随亲戚来到了奥西费沃绍尼伏小镇,并在亲戚家工作。在这里,他认识了亲戚朋友的女儿罗莎小姐,她对裴多菲一见钟情。当两个年轻人在甜蜜爱情中憧憬未来美好生活的时候,现实却给他们浇了一盆无情的冷水。罗莎小姐出身于名门,而裴多菲只是一名屠夫的儿子,人们对他们的恋情议论纷纷,此事弄得满城风雨。正在外地出差的亲戚得知此事后十分生气,并在给妻子的信中写道:"给山陀尔一点钱,让他走。他这样的人只配在戏园中当当丑角……"当裴多菲无意看到这封信,受到羞辱的他决定离开,并留下了记录他当时感受的动人诗篇《诀别》。

似乎亲戚信中的"丑角"两个字刺激到了裴多菲,在离开奥西费沃绍尼伏后,他没有选择返回佩斯的剧院,反而前往了西部城市苏普隆。在那里,裴多菲决定入伍当兵。按照规定,年满18岁的青年才有资格参军。为此裴多菲不得不隐瞒自己的年龄。在体检合格后,他正式成为了匈牙利第四十八步兵团下的一名新兵。然而从军后的生活并非裴多菲预想的那么好,他所在的步兵中大部分都是奥地利人,很多人都不识字,而经常看书写信的裴多菲被称为"舔墨水的流浪汉",最脏最累的活都被派给他干,而且只要稍微犯错就会受到严厉的惩罚。有一次,李斯特在苏普隆举办了钢琴演奏会,裴多菲怀着对大师的敬意前去欣赏,没想到因此被带上镣铐关了禁闭。

在军营中,除了一些知心朋友,能够安抚裴多菲饱受摧残的身心就只有书籍了。在寒冷的冬天,他经常会在外面站岗的时候怀中揣着一本书,并时不时地偷看几行,古罗马诗人贺拉斯的作品让他从书中得到了温暖和心理上的平衡。关于这段经历,曾经撰写过《裴多菲传》的卓尔丹·费伦茨曾写道:"有多少次,那个不幸的士兵要到苏普隆邮局附近的岗楼去站岗啊!在刺骨的严寒中,士兵要在狭窄的小木桥上一连两个小时地跑来跑去,或者钻进岗楼去躲一躲那怒吼的寒风。如果有位穷困的律师看到这个身体瘦削的人,就会仔细地询问这是谁,在干什么,就会可怜他……假如他看到了士兵正在专心致志地读着贺拉斯的著作,那他将更会赞佩不已。"

1840年,在这支步兵团按令前往萨格勒布,裴多菲得了伤寒,并被送往医院治疗。由于部队举行大规模的演习,因此尚未痊愈的裴多菲就被调到了运输队中服役。很快,身体虚弱的裴多菲再次病倒了。军医看着这位饱受疾病折磨的年轻人心生恻隐,询问他需要什么,而裴多菲的回答是他只需要书。军医劝他退伍,认为他并不适合干这一行,并给他开了不适合当兵的证明。

1841年,裴多菲提前退伍了。尽管裴多菲的从军生活饱受艰辛和屈辱,但他在多篇诗中将这段非人的生活刻画得十分幽默,哪怕是对匈牙利军队的抨击也带着戏谑,比如这首《我是一个退役兵》:

> 我是一个退役兵,不是别的,
> 不是军士,只是普通的退役兵,
> 整个的青春留在行伍里,
> 回家来的只是老态龙钟。

> 服役献出了我的一生,
> 身体无损——惩罚也未尝,
> 奖赏呢?那将军老头子,
> 曾夸奖地拍过我的肩膀。

当裴多菲再次出现在朋友们面前时,他们都被他狼狈的形象吓了一跳。朋友们帮裴多菲打扫衣服上的尘土,他则面带笑容地拥抱朋友们。当时相聚的场景十分欢快,裴多菲答应要把当时的情景写入诗中,这首诗名为《给我的朋友们》。

短暂的相聚之后,裴多菲再次踏上了征程。回到佩斯后他发现,当初可以栖身的那家剧院已经不再需要他。于是,裴多菲又前往巴拉顿湖附近的巴波,并结识了一位中年教师。先生十分欣赏他的才华,并帮助他继续求学。在那段时间,裴多菲潜心阅读了海涅和雪莱的作品,这对裴多菲艺术风格的形成产生了直接的影响。

1842年,裴多菲在杂志《雅典娜神庙》上发表了诗作《酒徒》,这首诗让他迅速提高了知名度。在裴多菲的诗作中,他经常把自己描写成一个酒徒。但事实上,裴多菲并非是一个酗酒之徒,与他同时代的奥洛依·拜特立什·肖毛曾经在文中写道:"他并不是像他诗歌中所写的是个酒徒。"约卡伊·莫尔在出版《我的生活小说》中也驳斥了关于裴多菲酗酒的传说。裴多菲和他诗歌中所描写的主人公完全是两回事。除了《酒徒》外,裴多菲随后又有两篇诗作获得了微薄的奖金。

仅仅依靠诗歌的撰写,裴多菲是无法养活自己的,于是裴多菲加入了一个新组建的剧团,终于圆了他当演员的梦想。在剧团中,他先从提醒台词的工作干起,直到成为正式演员。首次登台演出后,激动的裴多菲写下了《第一次登台》，其中写道：

> 我终于当了演员，
>
> 第一次登上舞台。
>
> 第一次扮演角色，
>
> 我的角色需要我笑。
>
> 我笑得十分痛快，
>
> 我的笑声发自内心。
>
> 可我自己明白，
>
> 哭的日子就在将来。

正如裴多菲在诗中所预料的那样，成为演员后的日子也十分辛苦。由于裴多菲长得十分瘦小，因此他的外形不太适合扮演主角。在当时，匈牙利舞会盛行，每当剧院开办舞会时人声鼎沸，而当剧院演出戏剧时前来观看的人则寥寥无几。尽管剧组上下都十分努力，但一直没法改变现状。迫于无奈，剧组不得已开始转移，成为走南闯北的流浪剧团。

在大平原地区的盖奇凯梅特，裴多菲演出了很多角色。在莎士比亚经典名剧《李尔王》中，裴多菲十分成功地塑造了一个傻子的形象,他的精彩演出获得人们的热烈欢迎。但好景不长,剧组因经济问题不得不解散,裴多菲不得不开始再次流浪。

随后,身为流浪艺人的裴多菲曾经在匈牙利首都的临时国会做抄写员,也跟随别的剧组去巡演,他的足迹几乎踏遍了半个匈牙利。关于这段经历,裴多菲曾写道:"我在剧院里扮演过配角,引不起任何人对我的注意。后来我走下舞台,来到广大的人民群众中间,成了他们当中的一员。只有在这个时候,我的耳边才响起了阵阵的、热情的、雷鸣般的呼声:'裴多菲·山陀尔万岁!'"

从1839年到1844年,裴多菲一直在流浪,正如他在《旅途通讯》中所写:"我浪迹天涯整整6年。我成了被上帝抛弃的人。这六年里陪伴我的只有两件事,一是贫困,二是屈辱……这是在什么时候?正是在我青春年华的开始时期,从16岁到22岁。这本应是人生最美好、最快乐的时刻……"然而,这六年的经历,让裴多菲有机会接触生活在社会最底层的劳动群众,了解他们悲惨的生活。从他开始当流浪演员起,他就注意收集民歌,并采用民歌的形式创作具有匈牙利民族特点的诗作。这一时期，裴多菲创作的诗篇多达 200 多首，他通过诗歌来抒发自己的感情。

03 / 浪漫诗人的爱情之路

1844 年，在朋友的介绍下，裴多菲终于结束了流浪生活，开始在由瓦豪特·伊姆雷主办的《佩斯时装报》担任助理编辑。这个刊物为了迎合当时妇女们的需要，经常刊登各种时髦的服装样式，宣传巴黎女士们所追求的服装改革，可以说它是一个带有封建性质、崇拜欧洲文化、轻视民族文学的传统守旧刊物。裴多菲从事这项工作主要是因为生活所迫。他坐在阴暗的房间里编辑稿件，还要亲自带着稿子去布达佩斯印刷所交稿付印和进行校对，但他的月薪只有 15 福林，每周只允许在刊物上发表一首诗，每篇诗作所获的报酬只有 2 福林。虽然裴多菲已经告别了舞台生活，但在艾格莱希·戈包尔的邀请下，他还在 1844 年排练的《逃兵》

中扮演了一个角色。在他离开舞台近一年的时间里，很多演员的笔记本中都写着这样的一句话："裴多菲先生，艺术的爱好者！他从佩斯走掉了。"

编辑的工作让裴多菲的生活开始趋于稳定，也让他可以潜心从事诗作的创作。在担任编辑的两年里，他陆续发表了 7 部诗集，包括《农村的大锤》《勇敢的约翰》《诗》和《云》等。在长诗《农村的大锤》中，裴多菲嘲笑了华而不实的贵族诗歌，还讥讽了那些为封建主歌功颂德的历史长诗。这些诗集和作品的发表让裴多菲大受欢迎。

也是在 1844 年，科苏特建立了革命团体社会保卫运动，它的目的就是发展民族工业和控制外资流入。这个组织以科苏特为首组成议会中的反对派，不断扩大革新运动的社会基础。当时很多作家都以诗歌作为武器来支持科苏特，裴多菲为此也写下了《社会保卫之歌》，该诗写道：

世上还有比这更坚固的铁链，把我们锁得更紧？

火热的爱国情感把我们聚集在魔力的圆圈之中。

我们的胸膛是一座坟墓，埋葬着许多爱国主义者；

我们要隆重地举行仪式,庆祝即将来临的复活节!

我们的民族是一条大河,它总是向四面八方冲泻,
　节日来临时跳跳的支流,将在这条大河里汇合。

千百万、千百万张嘴巴喊出了唯一洪亮的声音,
在这辉煌隆重的日子里,呼喊的声音是那样热情:

"我们接受吧,祖国母亲生出许许多多的粗鲁的人;
　尽管别人说得柔和、华丽,可是没有他们,
　　　将一事无成!"

且不要说牺牲自己生命,就连权利谁都不肯放弃;
天职嘛!人要努力做到,为祖国的幸福尽心竭力。

啊,国王是祖国的父亲,好像我们真正的好父亲;
他伸开了他的两个臂膀,向我们吐出祝福的声音。
裴多菲的作品带给匈牙利文学一个完全崭新的世界,他

通过诗歌告诉大家,爱国主义不是用华丽辞藻对先祖英雄的歌功颂德,也不是痛哭流涕地怀念往昔的美好生活,真正的爱国主义就是发自内心地对祖国的人民的热爱,因为人民才是祖国的真正创造者。

他开始组织佩斯的激进青年,努力从事政治与文学研究。裴多菲所领导的以毕尔瓦兹咖啡馆为活动中心的青年,后来形成"三月青年"的组织。他们在佩斯起义中起过巨大的推动作用。裴多菲不仅是这个组织的领导者,而且是这一批青年人的精神领袖。

除了爱国诗,爱情也是裴多菲诗作中一个十分重要的主题。裴多菲曾追求过客栈老板的女儿纳吉·茹日卡,并留下了许多对这位少女的追求的诗作,如《给茹日卡》《给茹日卡——娇小的金发姑娘》《我在做什么?》《给盖雷尼·符利捷什》《夜》等诗篇,其中都表达了对茹日卡的追求。

1844年冬天,裴多菲认识了一位年轻的姑娘乔包·爱德尔卡。裴多菲十分喜欢这个清秀而体弱的姑娘,两人一见钟情,相互爱慕。裴多菲为心爱的姑娘写下了动人的诗篇《给爱德尔卡》。

然而，在他们相识不久，爱德尔卡在1845年1月患病死去，这给裴多菲带来了很大的打击，他经常会到她的坟前哀悼，并为她写下了诗集《爱德尔卡坟上的柏叶》。在诗集中，裴多菲表露了对少女纯洁爱情的向往、追求和怀念，并用浓厚的感伤主义的情怀，为少女的早夭而哭诉。

1845年3月，裴多菲辞去了《佩斯时装报》助理编辑一职，并和志同道合的朋友们成立了一个名为"十人学会"的匈牙利文学组织，他们成立学会的目的就是要"把匈牙利人民语言提高到文学语言高度。在流派和思想方面继承民族传统，联合民间诗歌创作的代表作家，争取有个适合人生存的环境"。裴多菲成了这个组织的领导人，他们还拥有一个十分明确的政治纲领，那就是建立一个摆脱封建主义和奥地利奴役的新匈牙利。

1845年4月开始，裴多菲开始了他的长途旅行。他从布达佩斯启程，向喀尔巴阡山脚下前进，几乎游历了半个匈牙利，直到同年6月才返回布达佩斯。在旅行中，裴多菲受到劳苦人民的热烈欢迎，人们都以认识他为荣。裴多菲这次旅行的最大收获，就是完成了《旅行札记》的写作，并为长篇叙事诗《萨尔沟城堡》的创作打下基础。

1845年夏天,裴多菲来到了布达佩斯东北方向的小镇格德勒。在这里,他认识了戈拉绍尔克维奇伯爵的女儿麦德尼阿斯基·伯尔娜。伯尔娜美丽而有教养,而且她的容貌和爱德尔卡十分相似,这让裴多菲那颗"冰冷的心"开始渐渐复苏。伯尔娜十分仰慕这位全国闻名的大诗人,喜欢裴多菲的诗,但是她并不爱裴多菲这样一个瘦弱多病的穷苦人。裴多菲十分清楚自己和这位"美丽的姑娘"没有任何共同语言,但是他无法控制对这位少女的爱,并为她写下了组诗《爱情的珍珠》,就如同诗中所写"实际上,你是我的救世主,无论怎样你绝不会死亡;不会被钉在冰冷的十字架,你应该拥抱我生命燃烧的胸膛……"裴多菲的感情热烈而真挚,为了爱他痛苦不堪。

1846年,裴多菲在一个舞会上认识了美丽的姑娘森德莱·尤丽亚。裴多菲对这位年轻漂亮的姑娘一见钟情,并为她写下了无数动人的诗篇,如《给尤丽亚》《我是一个热恋的人》《我见到东方最艳丽的花枝》等诗作,诗中充满着追求、赞美、怀疑与渴望。随后,裴多菲正式向尤丽亚求婚,没想到却遭到尤丽亚父亲森德莱·依格诺茨的强烈反对。在身为匈牙利贵族的他看来，他可以对诗人怀有好感，但绝不会同"蹩脚诗人"结成任何亲缘。

1847年9月8日，尤丽亚冲破家庭的重重阻力，毅然决定和裴多菲步入婚姻的殿堂，两人前往科尔托市欢度蜜月。裴多菲从与尤丽亚相识，直到生命的终结，给尤丽亚的诗作多达上百篇，这些作品大多是健康的，充满着强烈的政治色彩和年轻人对新时代的渴望。正如裴多菲所说，"爱情是我写诗的源泉"。同尤丽亚结婚后，裴多菲感觉自己无比幸福，他不仅拥有一个美丽善良的妻子，还拥有了志趣和意愿相同的革命伴侣。

婚后，裴多菲在布达佩斯定居，开始进入了诗歌创作的高潮期，在那一年，他写下了157首抒情诗，3篇长篇叙事诗《萨尔沟城堡》《法官》和《傻瓜伊斯托克》，以及2个短篇小说等作品。

04 爱国诗人的革命之路

1848年,裴多菲留下了一个未完成的长篇叙事诗《莱赫尔军事统领》,这篇叙事诗是裴多菲根据民族大迁徙时期流传下来的英雄传说写成的。主要讲述的是马扎尔人(也即匈牙利人)征服匈牙利这块国土,表现他们建立国家的雄心壮志的民族史诗。诗中的主人公莱赫尔将军是匈牙利国家的奠基人之一,他自幼在匈奴国王阿蒂拉的宫廷里为人质。在阿蒂拉王死后,他率领马扎尔部落西征,历经艰辛、克服困难,战胜了凶险的日耳曼人,最终在多瑙河与蒂萨河之间的广阔的低地一带定居下来。从此他们就不再是游牧民族,产生了以农业为主建立一个国家的可能性。这部未完成的长诗从开篇来看,布局相当宏大,结构也十分严谨,但这部已初露光芒的民族史诗写到第二单元第四节就搁笔了。关于停笔的原因,匈牙利文学史家们普遍认为裴多菲因为忙于翻译莎士比亚戏剧而停笔,但事实上最主要的原因是欧洲革命的洪流正在冲击着匈牙利。

1848年初,革命的浪潮席卷了欧洲,意大利爆发了一月革命,法国爆发了二月革命,随后奥地利爆发了三月革命。革命的消息接连传来,整个匈牙利都沸腾了。在一直受奥地利奴役的匈牙利,民族矛盾和阶级矛盾已经达到了白热化的阶段,裴多菲目睹广大人民遭受的侵略和奴役,不禁大声疾呼:"难道我们要世代相传做奴隶吗?难道我们永远没有自由和平等吗?"以裴多菲为首"三月青年派"决定发动武装起义,他们在咖啡馆中商议起义事项,并通过了旨在实行资产阶级改革的政治纲领《十二条》,裴多菲在当晚就写下了鼓动人心的著名诗篇《民族之歌》。

1848年3月15日,震惊世界的"佩斯三月起义"开始了,起义者迅速占领了布达佩斯,并使之成为当时欧洲革命的中心。从凌晨开始,1万多名革命群众就冒雨在民族博物馆前集合,裴多菲当众朗读了这首《民族之歌》。起义民众以匈牙利三色旗作为前导,夺取了全国最大的兰德纳印刷所,大量印刷《民族之歌》和《十二条》。随后起义队伍冲向了监狱,并释放了因创办《工人报》而被囚禁的政治犯谭启奇·米哈依。起义的游行一直延续至深夜,整个布达佩斯都沸腾了起来。布达佩斯的街道被装上了彩灯和彩旗，裴多菲的画像被到处悬挂。在起义的当晚，佩斯的民族剧院上演了反抗德国统治的著名悲剧《邦克总督》，裴多菲的《民族之歌》被谱上曲，全场响起一阵悲壮的歌声。

裴多菲领导的佩斯三月起义影响了整个匈牙利的各个阶层，革命的浪潮冲击着偏远的村庄和农舍。1848年3月18日宣布废除农奴制，来自西北地区的农民自发地行动起来平分了庄园主的土地。在贝克什州和乔纳第州，起义的群众占领了昔日老爷们的牧场，冲进文书管理所，并烧毁了全部的地契和公文，将土地平分给了贫苦的农民。就如恩格斯所说，"匈牙利是从三月革命时起在法律上和实际上都完全废除了农民封建义务的唯一国家"。

起义后不久，裴多菲创作了著名诗篇《大海沸腾了》：

  人民的大海，

   那可怕的威力，

    掀起滔天巨浪，

    震动高天大地。

   你们见过这舞蹈？

你们听过这音乐？
若是你们没见过。
现在就应该懂得：
人民是多么快乐！

海在怒吼、咆哮……
　船儿不停地颠簸，
　它向地狱沉去了，
　拖着扯碎了的帆，
　和折断了的桅杆。
　咆哮吧，大海！
　你深深的海底，
　腾起巨大的力量，
　把狂怒的浪花
　喷入云层中间。

　永恒的真理，
　由浪花写在天上：

> 船在水上航行，
>
> 水在船下翻腾，
>
> 可是水永远是主人翁。

裴多菲在这篇诗作中，不仅把匈牙利人民的起义比作"沸腾的大海"，而且还包括了法国、意大利和奥地利等国家风起云涌的革命浪潮。裴多菲以锐利的目光看出历史发展的必然趋势，指出人民起义必胜的道理，表达了他对革命的乐观主义精神和对人民力量的绝对信任。

1848年，当一直奴役匈牙利的占领者被赶出匈牙利的国门，就在匈牙利刚刚获得民族解放的时候，不甘失败的奥地利皇帝斐迪南联合了俄国沙皇尼古拉一世，多达34万人的俄奥联军准备卷土重来。在民族危难的时刻，裴多菲给将军贝姆写了一封信："请让我与您一起去战场，当然，我仍将竭力用我的笔为祖国服务……"

1849年1月，裴多菲参加了贝姆将军领导的革命军，担任了一名少校副官，他不但与贝姆将军一起制定军事计划，而且一同骑马巡视战场；他不但继续以笔为武器写作诗歌进行战斗，还手持战刀多次战斗在战场上。

1849年夏，匈牙利革命军在强大的敌人面前已经无力回天。贝姆将军将还能够战斗的300人组成了一支骑兵队，准备进行最后的抗争。在战斗打响前，他特意叮嘱裴多菲留下。裴多菲违背了将军的命令，他跟在骑兵队后面出发。当英勇的匈牙利战士与多于自己数倍的凶狠的敌人胶着在一起时，他们就如同投入大海的沙粒，很快被淹没和融化了。身材瘦削的裴多菲被两名俄国哥萨克骑兵前后围住，当一柄弯刀凶狠地向他劈来，他敏锐地闪身躲开，但与此同时另一把尖利的长矛已经深深地刺入了他的胸膛，这位将自己年轻的生命献给争取自由、争取祖国解放的伟大诗人、革命家永远地闭上了自己的双目。

回顾裴多菲26年短暂而绚丽的一生，留下的是近800首动人的诗篇，时至今日，他那一首首脍炙人心的诗篇还广为流传。无论是在匈牙利文学史，还是在匈牙利民族发展史上，裴多菲都占有非常独特的地位。他不但奠基了匈牙利民族文学的基石，还继承和发扬了战斗传统，成为得到全世界公认的匈牙利民族解放和文学革命的一面旗帜。

对于裴多菲，或许正如德国诗人海涅所说："在这充满病态与深思熟虑的社会中间，这样出乎意外的健康与单纯，致使我在德国找不到一个人能与他并立；我自己只有少许这样的自然声籁，这个农家子弟富有自然的声籁，有如一只夜莺。"在匈牙利首都布达佩斯，每当新年的钟声敲响，热爱他的人们会涌入布达佩斯广场，在他的铜像前鞠躬致敬。因为那天不仅仅是新年，还是这位伟大诗人的诞辰。在那里，他高高举起右手，左手握着一卷文稿，炯炯有神的双目则注视着远方。他永远也不会失望，因为他的心愿已经达成；他永远也不会孤单，因为人们会朗读他的诗篇；他永远也不会消失，因为历史会铭记他的功绩。

一生坎坷的哲学大师
——卢卡契·乔治

卢卡契·乔治（1885—1971），匈牙利著名的哲学家和文学批评家，出生于布达佩斯的一个犹太银行家的家庭，从小就受到良好的教育。中学毕业后进入布达佩斯大学学习，于 1906 年获法学博士学位，1909 年获哲学博士学位。1912—1917 年间，他先后几次在德国的柏林、海德堡等地攻读德国古典哲学和现代西方哲学。1918 年 12 月加入匈牙利共产党，并成为了由党组织出版的《国际》杂志编辑部的成员。1919 年 3 月匈牙利苏维埃共和国成立，卢卡契出任主管文化和教育的人民委员。8 月，革命宣告失败，卢卡契移居维也纳，主办和领导左派刊物《共产主义运动中的"左派"幼稚病》。1930—1945 年，卢卡契相对远离政治，在苏联莫斯科马克思恩格斯研究院潜心研究理论。1945 年第二次世界大战结束后，卢卡契回到匈牙利，任布达佩斯大学哲学和美学教授，并当选为匈牙利科学院院士，直到 1971 年逝世。他长期致力于西方哲学和马克思主义研究，其代表作有《历史和阶级意识》《青年黑格尔》《存在主义还是马克思主义》《理性的毁灭》等。这位匈牙利著名的哲学家、美学家和文学批评家一生坎坷，他的理论创作始终与国际共产主义运动的历史进程紧密相连,既在国际上产生过巨大的影响,培育了一代马克思主义者,又在国际共产主义运动中受到严厉批判,引发了无尽的争论。历史书功过,明眼辨是非,让我们抛开有色眼镜,去真正地认识和了解一下这位当代影响最大、争议最多的马克思主义评论家和哲学家。

01 初涉政坛:饱经磨砺

1885年4月13日,卢卡契·乔治出生在匈牙利首都布达佩斯。他的父亲是匈牙利通用信贷银行的经理,并在1891年获得了奥地利哈布斯堡王朝授予的贵族封号,而他的母亲则是维亚纳贵族魏尔特哈穆家族的小姐。

卢卡契·乔治自年幼时就对繁琐的封建礼规十分抗拒,他认为参加熟人的婚礼、葬礼、出席仪式等对于一个孩子来说是没有任何意义的,是纯粹"礼规"的约束。在卢卡契很小的时候,他总是说:"我绝不向陌生客人问好,我没有邀请他们。"因为在他看来,只要你同意必须向陌生客人问好,就意味着"礼规"开始起作用了。曾经有一个看管卢卡契玩耍的老保姆,有一天,卢卡契问她:"我的玩具哪里去了?"老保姆回答:"在你放的地方。"这个回答令卢卡契印象深刻,因为直到那时为止,他认为在成年人那里只听到了废话,而老保姆的回答是他所能够接受的完全合理的回答。

还有一则趣事。当时家庭教师在教比卢卡契·乔治大1岁的哥哥读书,卢卡契坐在哥哥的对面,他们学习的书对于卢卡契来说是倒着的,但是卢卡契即便看着倒放置着的书也比他哥哥还要先学会读。

富裕的家庭让卢卡契·乔治从小就接受了很好的教育,中学毕业后,卢卡契考上了布达佩斯大学,先是学习了法律和经济学,随后又学习文学、艺术学和哲学等课程。1906年,卢卡契获得了法学博士学位。在1909年,他撰写了文章《戏剧的形式》,并通过它获得了哲学博士学位。

1910年,年仅25岁的卢卡契·乔治完成了《心灵与形式》,它是卢卡契在"美学社会学"的影响下创作的一本论文集,深入地刻画了现时代人的存在的悲剧性,正是这部著作让卢卡契声名远扬,让他成为享有世界声誉的批评家。曾有人高度评价这部著作:"这一论著是一部完整的哲学概论。其意义之深远,观察之敏锐,远远超出了一般的评论。"

1911年,卢卡契·乔治完成了《现代戏剧发展史》,并凭借这部两卷本的著作在基斯法卢狄学会的竞赛中获奖。

1916年,卢卡契·乔治完成了《小说理论》,它是卢卡契在类型学方法的引导下完成的一部文论著作,它对小说的本质和小说形式的类型进行了令人耳目一新的开创性研究,标志着他从新康德主义向黑格尔主义的转变,同时得到了著名作家托马斯·曼的极力推崇。在这部著作中,卢卡契把史诗和小说题材与西方的理论发展史联系了起来,他认为史诗表达的是一种"广阔的生活总体"的意识,长篇小说则可以看成现代人"抽象的无家可归感的一种表现",可以根据历史发展来理解文学题材。

青年时代的卢卡契·乔治受到了康德,特别是黑格尔哲学思想的影响,并开始接触马克思和恩格斯的一些著作,比如《资本论》《政治经济学批判导言》等。俄国十月革命的胜利对卢卡契的思想产生了巨大的冲击,并让他在革命斗争中逐步接受了马克思主义。

1918年,卢卡契加入了匈牙利共产党,并成为了由党组织出版的《国际》的杂志编辑部成员。

第一次世界大战结束后,奥匈帝国解体。1919年3月21日,匈牙利效仿俄国成立了匈牙利苏维埃共和国。在这个仅存在133天的红色苏维埃政府中,卢卡契·乔治先后担任了文化教育副人民委员、人民委员,还兼任了红军第五师政治委员。革命失败后,卢卡契在9月逃到了维也纳。同年10月,卢卡契不幸被奥地利政府逮捕,并准备把他引渡给匈牙利反动政府,但是迫于国际舆论,奥地利政府不得不在年底释放了卢卡契,自此卢卡契开始了在维也纳的10年生活。

在这10年里,卢卡契·乔治先后两次担任了匈牙利共产党的中央委员,参与并出席了共产国际第二次代表大会和第三次代表大会,并会见过列宁。此外,卢卡契积极从事政治理论研究和宣传工作,他撰写的关于政治、哲学的论文大多发表在共产国际在维也纳出版的《共产主义》《无产者》《红色报》和《红旗》等报刊杂志上。

卢卡契·乔治在这期间表现出来的观点既有"左"的因素，也有"右"的倾向。比如，他在1920年第六期《共产主义》杂志上发表的《议会主义》，这篇文章引起了列宁的注意。列宁在《"共产主义"运动中的"左派"幼稚病》一文中曾尖锐地指出："卢·乔的文章左得很，糟得很。文章中的马克思主义纯粹是口头上的。"这里的"卢·乔"指的就是卢卡契，列宁严肃批评他"左"倾激进的反议会立场是十分有害的。1923年，卢卡契出版了《历史与阶级意识》，并表明该书的目的在于"自发地通过众多的外来观点，去寻找一种新的方向，以此试图弄清自己的未来道路"。这在共产主义运动内部引起了强烈的争论，被抨击为企图通过黑格尔的观点歪曲马克思主义的辩证法。然而这部著作在西方却广受好评，认为它开启了西方马克思主义思潮，并和科尔施的《马克思主义和哲学》一同被称为西方马克思主义的"圣经"，卢卡契也因此被誉为西方马克思主义的创始人和奠基人。1925年，卢卡契被委托起草匈牙利共产党第二次全国代表大会的报告《匈牙利政治和经济形势以及关于匈牙利共产党任务的纲领》，其中提出要建立以资产阶级民主为基础的"无产阶级和农民的民主专政"，这份纲领在党内讨论时，被共产国际执委会指责为"右"倾。

02 / 异国飘零：几经沉浮

1930 年，由于卢卡契·乔治活跃的政治活动，奥地利政府下令将他驱逐出境。离开维也纳后，卢卡契前往了苏联莫斯科，成为了梁赞诺夫领导下的马克思、恩格斯、列宁研究院的工作人员，并且积极参与了《马克思恩格斯全集》的编辑工作。与此同时，卢卡契开始着手撰写《青年黑格尔》一书，并且写成了论文《马克思、恩格斯和拉萨尔之间的济金根论争》，也在《莫斯科评论》上发表了多篇论述苏联当代文学的文章。

1931 年，卢卡契·乔治受德国共产党的邀请前往柏林，参加德国共产党思想领域的工作。他以"无产阶级革命作家同盟"成员的身份，担任了德国共产党作家工作委员会负责人，还兼任了德国作协柏林分会的副主席，并参加了"无产阶级革命作家同盟"机关刊物《左翼》编辑部的工作。卢卡契在这个刊物上发表了专门论述萧伯纳、豪普特曼和歌德的文章，还刊登了不少具有纲领性的论文，他的观点引起了热烈的讨论。

1932年，受共产主义作家劳动协会的委托，卢卡契·乔治同约翰尼斯·罗伯特·贝歇尔和阿拉达·科穆亚特共同起草了《无产阶级革命作家同盟草案》，并在"无产阶级革命作家同盟"劳动代表大会上做了主要报告。

1933年，卢卡契·乔治完成了《青年黑格尔》的第一稿。由于法西斯势力在德国的崛起，1933年3月，德国法西斯政府吊销了卢卡契的居留许可证，并限令他马上出境。

离开德国的卢卡契·乔治再次前往苏联，在莫斯科共产主义研究院语言文学所进行工作。1934年，卢卡契被评选为苏联科学院院士。1934年至1936年，卢卡契在共产主义研究院哲学研究所文学部工作，随后，又转至苏联科学院哲学所工作。

20世纪30年代中至40年代初，是德国法西斯疯狂准备和发动进攻苏联的时期。在这期间，卢卡契·乔治积极参加反对法西斯的活动，对文艺理论表现出极大的兴趣，先后撰写了多篇关于文学理论、文学史和论述著名资产阶级现实主义作家的论文，其中包括对马克思和恩格斯美学观点的阐述、对莎士比亚、普希金、列·托尔斯泰、巴尔扎克、左拉等的评论，以及对德国文学和匈牙利文学的研究。此外，他还同米哈伊尔·里夫希茨等人一起，将《文学评论》杂志作为阵地，形成了"新潮流"派。他们既反对西方评论家从资产阶级唯心主义观点出发对资产阶级文学遗产的研究，又拒绝当时流行的对资产阶级进步文化遗产一律简单粗暴地加以否定、排斥和摒弃的庸俗社会学观点，而是主张运用马克思主义美学观点，对资产阶级文学遗产进行分析、研究和整理。

卢卡契·乔治多次对自己曾经撰写的《历史与阶级意识》进行批评，在1933年撰写的文章《我走向马克思主义的道路》中，他提出"虽然我有意识地打算通过马克思来克服和'扬弃'黑格尔,然而辩证法的最重要问题(自然辩证法、实践概念、反映论等)还是用唯心主义来解决的"。在1934年,卢卡契在莫斯科共产主义学院哲学研究所的学术会议上指出,他在《历史和阶级意识》书中所犯的错误就是执行了是列宁在《唯物主义和经验批判主义》中作了毁灭性批判的"那条背离马克思主义的路线",并承认列宁的批判。

1937年,卢卡契·乔治完成文艺理论著作《十九世纪文学理论和马克思主义》和《历史小说》。在《历史小说》中,他引证以巴尔扎克、托尔斯泰等人为代表的历史小说来作为现实主义文学的基本范例,这种叙述样式不仅说明了历史对文学的影响,还说明了经济社会发展与文学艺术的相互关系。

1938年,卢卡契·乔治发表了文章《现实主义辩》,在文中说明了资产阶级文学中的各种"先锋派"思潮同他阐述的文学中的现实主义概念毫无共同点,卢卡契认为,在他起初的现实主义概念中,人民性是占据中心位置的,他主张一切民主和社会力量在反对法西斯的共同基础上建立人民阵线。从 1938 年至 1941 年，卢卡契担任了匈牙利流亡者在莫斯科出版的刊物《新声》的主编。

在 1939 年 11 月至 1940 年 3 月间，苏联文学界出现了一场十分激烈的争论，而这场争论就是由于卢卡契·乔治在《十九世纪文学理论和马克思主义》《论现实主义的历史》等著作中的观点所引起的。这场辩论涉及了精神生产与物质生产的不平衡，尤其是文学艺术发展的不平衡，对遗产的正确评价，作家的创作方法与世界观之间的矛盾，党的文学和作家性、人民性等问题。在这场争论中，卢卡契被指责过高评价了资产阶级批判现实主义文学，对苏联的社会主义现实主义文学的成就没有给予充分和足够的重视等。

1941 年，德国法西斯率军逼近莫斯科，卢卡契·乔治撤退到了塔什干，继续从事相关的理论研究工作，并在《国际文学》上发表了《德国法西斯主义和黑格尔》《德国法西斯主义和尼采》等文章。

1942 年至 1944 年，卢卡契重新返回到苏联科学院，担任苏联科学院哲学所的研究员。

03 回归故土：再经起落

在苏联的帮助下，匈牙利全境于1944年获得解放。与此同时，在同年12月，卢卡契·乔治也回到了阔别多年的祖国。

1945年，卢卡契·乔治在布达佩斯大学哲学系担任哲学和美学教授，在此期间，他积极参加文化界的活动，比如从1945年到1946年间参加党报《自由人民报》的工作，从1946到1956年间参加党的理论刊物《社会评论》工作，他主要是为这些刊物撰写文化政策方面的文章。1947年，卢卡契发表了揭露法西斯主义意识形态和社会学的《资产阶级哲学危机》。

匈牙利解放后，在政治方面，卢卡契·乔治的主要观点就是坚持他在三四十年代提出的，也就是社会主义和民主主义的力量要联合起来，共同反对法西斯主义，建立人民阵线民主政权。在文艺方面,卢卡契的主要观点就是他在《文学于民主》一书中的文章《党的诗歌》中所阐明的，也就是主张党的诗人应该和党保持某种距离,他认为"党的作家"既不能当统帅,也不能当列兵,而是要当"游击队员"。

从1949年底到1950年初,匈牙利的文艺界开展了一场名为争论,实则是批判卢卡契·乔治的运动。卢卡契由于在匈牙利解放后发表的一系列观点被公开指责为修正主义,认为他反对在战后实行社会主义的转变,他的"游击队员"理论与保持党和作家和谐关系的一致性是背道而驰的。对此,卢卡契做了自我检查,并表示愿意改正观点错误。

这次运动后,卢卡契·乔治决定退出文艺界,专心在大学里从事美学与哲学理论研究。在这一时期,卢卡契出版了一系列重要的著作。1952年,他出版了作家专论集《伟大的现实主义》和《社会主义现实主义》。1953年,他出版了文学史论著《现代德国文学史纲》。1954年,他出版了美学著作《美学史论文集》、哲学著作《青年黑格尔》和《理性的毁灭》,其中在《理性的毁灭》一书中,他论述了资产阶级非理性主义的哲学思想是如何日益加强的,正是这一思想培育了法西斯主义的意识形态。1955年,他出版了作家专论集《历史小说》。

从 1946 年到 1956 年，卢卡契·乔治被选为匈牙利人民共和国国会议员、爱国人民阵线全国委员会委员，担任匈牙利科学院主席团委员和科学院院士，还被选为华沙波兰科学院院士、柏林德国科学院通讯院士、柏林艺术科学院院士，在 1949 年当选世界和平理事会理事，分别于 1948 年和 1955 年两次获得匈牙利科苏特国家奖。

1956 年，匈牙利十月事件前，卢卡契·乔治进行了十分活跃的活动。他积极参加布达佩斯裴多菲俱乐部的活动，在反对斯大林个人崇拜的同时，积极宣传自己多年来坚持在文艺领域反对所谓党组织的行政干涉等观点。1956 年 10 月 23 日至 11 月 1 日间，卢卡契担任党中央委员和纳吉政府的文化部长。1956 年 11 月 1 日，纳吉政府声明退出华沙条约组织成员国时，卢卡契宣布退出政府。在匈牙利十月事件后，经过改组的匈牙利社会主义工人党没有将卢卡契登记为党员。随之，卢卡契在 1957 年退休。

20 世纪 60 年代，卢卡契·乔治埋头美学著述和文稿的整理出版工作。1963 年，他出版了《美学的特殊性》，卢卡契试图将马克思主义理论系统地应用于美学，这是一部在哲学基础上涉及了文学、美术、音乐等艺术部门的美学著作的第一部分，其中导入了亚里士多德的艺术模仿说定义，并强调了艺术拟人、感召和净化的特点。与此同时，卢卡契主张进行经济领域的改革，并在1967年被重新接纳成为党员。

1970年，卢卡契·乔治被确诊患了癌症。随后，他开始口授自传，并在《匈牙利哲学》杂志上连续登载他离世前的最后一部著作《社会存在的本体论》，这是马克思之后的头一部关于马克思主义本体论的著作，书中他试图系统地阐述马克思主义的哲学理论。

1971年6月4日，86岁的卢卡契·乔治在布达佩斯永远地闭上了自己的双目。1972年，匈牙利政府决定把与卢卡契相关的资料、文献和他的遗稿统一归匈牙利科学院进行收藏。

回顾卢卡契·乔治的一生，是饱受争议、几番起落的坎坷一生，对他的评价也是褒贬不一。有人认为他是"修正主义的先锋"，有人把他奉为"正统"马克思主义的代表，还有人认为尽管他偶尔犯错，但总体来说还是马克思列宁主义者。尽管卢卡契有时会因为主、客观的原因和压力，经常做出一些违心的、言不由衷的自我批评，但他始终坚持共产主义信念，执着于他所钟爱的哲学和人类理性事业。从20世纪60年代开始，特别是卢卡契逝世后，西方学界对他的称颂有加无减。即使是苏联、东欧和匈牙利国内的学术界对他的评价也逐渐出现不同以往的观点，卢卡契不再被人称作修正主义者，而是被认为是在历史上有功绩的革命者。他的学术观点，特别是美学著作普遍受到赞扬，被称为对文艺领域作出了贡献的马克思主义美学家、哲学家。

或许正如凯晋在卢卡契·乔治的《欧洲现实主义研究》引言中所写的那样，"卢卡契·乔治或许是东欧仍然有能力吸引和教导西方众多读者的独一无二的共产党人哲学家和文学批评家。这完全是由于他的智慧天赋，以及作为一个作家所特有的那种系统的明辨是非的历史远见……他给人们一种印象，即除了官方的宣言和机械的准则以外，还存在一位独特的思想家。作为哲学家，他倾向于马克思主义，完全信奉马克思主义，并为了他所能够给予他的理性愉悦和精神满足而运用马克思主义。这种印象从近年来任何其他共产党人哲学家身上却看不到……卢卡契实际上是一位更加倾向于'中产阶级',更多书生气的人道主义者。由于内心的超脱,他以其对文学作品的洞察力和对美学问题的阐述激励并感召我们"。

钢琴之王

——李斯特·弗朗茨

李斯特·弗朗茨（1811—1886），匈牙利的著名作曲家、钢琴家、指挥家，伟大的浪漫主义大师，是浪漫主义前期最杰出的代表人物之一。他生于匈牙利雷定，幼年即显露出非凡的音乐才能，先后师从多位钢琴名家。6岁起学钢琴，11岁时被父亲送往维也纳学习音乐，半年后于1822年底在维也纳国会音乐厅首演，引起维也纳音乐界的轰动。12岁时李斯特前往巴黎首次演出，这次演出开始了他正式的演奏家生涯，此后不断在法国、英国等欧洲各地巡回演出，得到当时欧洲音乐界及皇宫贵族对他的赞赏，使其迅即成为知名的钢琴家，他以华丽超众的技巧而声名显赫，盛极一时。李斯特受意大利小提琴演奏名家帕格尼尼的启发，他决心要在钢琴上创造出同样的奇迹。他将钢琴的技巧发展到了无与伦比的程度，极大地丰富了钢琴的表现力，他继承了克列门蒂、贝多芬的动力性钢琴音乐传统，发展了一种令人眩晕的、19世纪音乐会的炫技性钢琴演奏风格：响亮的音量、极快的速度、狂放的技巧、辉煌的气势。这种辉煌浪漫，又极富个性的钢琴演奏风格，令当时的人们为之陶醉，也确立了欧洲钢琴演奏艺术史上最具影响的一个流派。李斯特还将原来背朝听众的演奏位置变为侧面，使演奏家的情感与听众更易沟通，他与同在巴黎的肖邦一起将钢琴艺术推向前所未有的高度。他由于在钢琴上的巨大贡献而被誉为"钢琴之王"。然而，李斯特在音乐上的贡献远不止钢琴演奏，在作曲方面，这位匈牙利钢琴家在音乐史上首创了"标题交响诗"这种新的音乐体裁。正如圆舞曲和施特劳斯、交响曲与贝多芬的名字分不开一样，19首钢琴曲《匈牙利狂想曲》和李斯特·弗朗茨的名字是分不开的，它是李斯特最受欢迎的钢琴作品，已被列入世界古典钢琴曲的文献宝库。

01 / 天才少年

1811年10月22日，李斯特·弗朗茨出生于匈牙利西部的雷丁市多波尔杨村。据说，这一年曾经有一颗彗星掠过天空，他的母亲在怀着他的时候经常去看这颗闪亮的彗星，而在生他的那天晚上，这颗彗星还在夜空闪烁，也许这是某种有意思的巧合。他的父亲李斯特·亚当是当时大贵族地主埃斯代尔哈兹公爵在领地多波尔杨村的牧场的会计，是一个好幻想而又温和的人。他为了出人头地，做过各种低下的工作，挤时间阅读了大量的书籍，吃尽了各种苦头；他曾在一个教会中学里苦读4年，学习了大量的哲学、宗教仪式、语言等各方面知识。大学期间他学习柏拉图、亚里士多德等大哲学家的著作以及德语、法语、历史等方面的语言知识。难能可贵的是，他对音乐产生了狂热的兴趣，刻苦学习钢琴、中提琴、管风琴等乐器并钻研和声学、对位法以及作曲配器等方面的学问。可是，好景不长，书籍到底还不是面包，饥饿和贫穷使得年轻的亚当只好辍学，离开那充满梦幻的大学校园，回到了公爵的多波尔杨牧场。在农场任职期间，亚当拼命工作，把农场的各项事情安排得井井有条，得到了公爵的赞扬，于是，公爵赏给他一大笔钱。他用这笔钱给自己买一台像样的钢琴，工作之余经常弹弹钢琴。伴随着父亲每个夜晚优美的琴声，小小的李斯特慢慢地长大了。

李斯特·弗朗茨自小就同其他的孩子不太一样，他瘦小、羸弱多病、敏感而且有些好哭，但值得注意的是，他比同龄的孩子们表现出更多的温厚和善良，这也许来自他母亲拉格尔·安娜的遗传，也许是他母亲宗教教育的结果。他的母亲是个虔诚的天主教徒，经常带着他上教堂参加各种仪式，听牧师布道、做祷告。宗教那种献身、爱人、助人、行善的精神深深地扎根在他幼小的心灵中，而教堂那些优美的宗教歌曲如甘露一般净化了他的思想。

一天晚上，父亲亚当一如既往地沉醉在自己演奏的大师们的钢琴音乐中：忽然，他清晰地听到了童音的歌唱声，这歌声和着自己弹奏的音乐，是那样的准确而又生动。父亲大吃一惊，凝神望着自己的儿子问道："你记住了这些曲调吗？"小李斯特回答道："我全部都记住了，只要是父亲弹过的。"接着，一首首优美动听的曲调从小李斯特的口中唱了出来，大师们那沁人肺腑的音乐似乎又获得了新的生命。

父亲亚当惊得目瞪口呆，突然又欣喜若狂，他决定，从今以后，他要教自己的儿子学习钢琴。这一年，小小的李斯特刚刚 6 岁。儿子在音乐方面的天才显然超过了父亲的想象，没有多久他便能熟练自如地演奏一些相当难度的钢琴作品，像莫扎特的奏鸣曲、贝多芬的小步舞曲等等。让人惊异的是，小李斯特手指的灵敏度，对键盘的熟悉程度以及过目不忘的记忆力使他能熟练地演奏他只看过一眼的乐谱，并且他还能随心所欲地转调演奏。在一次小小的演奏会上，小李斯特的这种本领把父亲和他的一些音乐家朋友们惊得目瞪口呆。

为了让儿子的音乐天赋不被埋没，接受更高水平的教育，父亲亚当决定送小李斯特到音乐之都维也纳去，在那里他的才能才可以得到充分的发挥和显示，可问题是，哪里去弄到一大笔钱去支付孩子的生活费和学费呢？万般无奈之下，亚当只有去求助于自己的主人埃斯代尔哈兹公爵。

埃斯代尔哈兹公爵是当时赞助音乐艺术最热心的贵族之一，并拥有世界上最好的乐队。伟大的音乐家海顿、凯鲁比尼和洪梅尔等人都曾在他的宫廷乐队中任职。李斯特·亚当也曾受当时的乐队总管洪梅尔的邀请参加这个乐队的各种排练。公爵似乎也听到了许多对小李斯特音乐才能的赞扬，答应接见亚当父子二人，并且对小李斯特的才能进行一番考查。这次考查，使小李斯特又一次展示了其非凡的才能：在公爵的宫廷乐师面前熟练自如地演奏了当时各个大音乐家的许多作品，还表演了视奏和转调弹奏的本领。此后，年仅9岁的小李斯特在公爵的府第举办了自己的第一次钢琴演奏会，年幼的李斯特以他那超群的天才技艺震惊了众人，包括公爵大人在内的许多豪门贵族都欣赏了这场音乐会，并接待了小李斯特，对他的才能大加赞赏，而且为他筹集了奖学金，以便资助他到维也纳去学习音乐。

音乐之都维也纳是全世界学习音乐的人向往的地方。这里曾汇集了一大批令世人瞩目敬仰的音乐大师，如海顿、莫扎特、贝多芬、威柏、舒伯特、车尔尼、萨里埃里等人。对于年幼的李斯特来说，其中的任何一个都是如雷贯耳、仰慕已久。然而，维也纳并没有张开热情的怀抱来迎接这位少年音乐天才和李斯特一家人的到来。他们初来乍到，人生地不熟，到处受到敲诈和勒索。在经历了一次次求学失败之后，小李斯特极其幸运地成为了音乐家、优秀的钢琴教师卡尔·车尔尼的学生。卡尔·车尔尼是贝多芬的学生。在车尔尼先生的教导下，李斯特开始真正地踏上了通向艺术圣殿之路。车尔尼先生是一位真正的严师,他对李斯特进行了更科学、更系统化,也是更加严苛的教导。可喜的是小李斯特坚持下来了。

在随后的一年多里,李斯特·弗朗茨的演奏技巧和音乐修养以惊人的速度在提高。随后,在车尔尼等音乐显贵们的推荐下,小李斯特成了居住在维也纳的意大利著名作曲家萨利埃里的入室弟子。73岁高龄的萨利埃里,一辈子饱经沧桑,在他那深邃的眼睛里闪烁着能看透任何一个人的光焰,从简短的谈话中他看得出小李斯特的不世之才,并预言了李斯特那光辉的未来。从他那里,李斯特学到了大量的作曲、和声及其演奏方面的知识,这给他的即兴演奏和成为一名伟大的作曲家打下了极为坚实的基础。

这些大师们带给李斯特·弗朗茨的远远不止这些,最为关键的是,受他们的推荐,李斯特得以自由地出入维也纳最著名的艺术爱好者们的沙龙。通过一次次的沙龙聚会,李斯特感受到了作为一名演奏家在舞台上那种紧张而又激动的愉快,而且还在这些不大的舞台上充分地锻炼了自己,使自己在舞台上能够不受任何拘束,忘我地演奏。

1822年12月1日，李斯特·弗朗茨刚过11岁生日不久，就在维也纳的国会音乐厅举行了他的首次公开演出。值得注意的是，贝多芬委派他的私人秘书和朋友辛德勒出席了这次音乐会。在这次音乐会上，他被称为"少年圣手"。1823年4月13日注定是一个载入音乐史册的日子，这一天李斯特在维也纳举行了第二次公演，值得关注的是贝多芬出席了这次演出。在这次音乐会上，李斯特又一次演奏了洪梅尔那首难度极大的《b小调钢琴协奏曲》，这次，他弹得比任何时候都更有感情，简直是如醉如痴。音乐厅内响起了阵阵震耳欲聋的掌声，简直就是一片喧嚣的海洋。忽然，这片海洋寂静了，悄无声息，只听到沉重的脚步声向舞台走来，小李斯特感到有人在他跟前弯下身来，深深地搂住了他，亲吻了他的脸颊、额头，原来是贝多芬。李斯特终生铭记着这个激动人心的日子，这完全是一种艺术的洗礼，是一种艺术的最高奖赏。从此之后，贝多芬的画像伴随着李斯特的一生，他带着他演奏的美妙音乐走遍了欧洲各地。

02 巴黎岁月

1823年12月11日，李斯特·弗朗茨一家抵达法国巴黎。大雪装扮下的巴黎更显冬日的妩媚。怀揣着老师车尔尼和萨利埃里的推荐信，李斯特父子走进了巴黎音乐学院这座艺术的圣殿。很快，他们就见到了院长凯鲁比尼，这位定居巴黎的意大利著名作曲家、歌剧大师。然而，凯鲁比尼以音乐学院不接受任何法国以外的公民为由，断然拒绝了李斯特·弗朗茨的求学。由于这位院长的决定，巴黎音乐学院失去了在自己培养的学生名单中炫耀着李斯特名字的光荣。这件事深深地刺痛了小李斯特的心，为此他伤心多日，尝到了流泪和绝望的滋味。然而善良的钢琴制造商老埃拉尔德帮助李斯特说服了意大利歌剧院的指挥佩尔先生来承担小李斯特的作曲指导任务。显然李斯特也不负众望，在1824年1月经过一场特殊的考试后，获得了能证明其才能的儿童科学协会的文凭。更为重要的是，小李斯特还从佩尔那里学会了法语，这成为他能更快地进入巴黎的敲门砖。

就这样，李斯特·弗朗茨一家慢慢习惯了在法国巴黎的生活。小李斯特凭着他奇迹般的演奏才能，很快风靡了巴黎社交界。1824年是他不断创造辉煌成就的一年。巴黎皇家剧院的大门终于被小李斯特有力的手指敲开了。3月8日这天，又是一个激动人心的日子，小李斯特和意大利歌剧大师罗西尼以及被司汤达盛赞的女歌唱家帕斯塔同台演出。在音乐会上，小李斯特以他那惊人的总谱记忆力、巨大的热情和娴熟的、魔术般的驾驭钢琴的技术，彻底征服了巴黎的听众。他在巴黎创造了一个新的神话。

音乐会的成功所带来的另一个激动人心的消息是，老师佩尔向巴黎歌剧院推荐了这位年仅13岁的孩子担任独幕歌剧《唐·桑科》的谱曲任务。这年冬天，李斯特以极大的创作热情完成了歌剧《唐·桑科》，并顺利地通过了歌剧审稿委员会的严格审查。这部歌剧于1825年10月17日正式公演，引起了强烈的反响。人们感到吃惊的是，小李斯特不仅仅有非凡的演奏才能，而且还显示了天才的创作才能。小李斯特从整部歌剧的创作过程中激发出他的创作热情，在创作歌剧的同时，他还写作了一些练习曲，并开始酝酿一部钢琴协奏曲——也许这就是他那部惊世之作《降 E 大调第一钢琴协奏曲》的萌芽。

幸运的小李斯特在钢琴教育家克鲁采尔教授的推荐下,拜到了音乐理论家安东尼·莱赫门下。在他的指导下,李斯特对作曲理论的各门课程进行了系统的、完整的、深入的学习和研究。小李斯特在迅速成长。

1827 年,对于李斯特·弗朗茨来说,是充满疾风暴雨的一年。由于频繁演出所导致的过度劳累,李斯特感到一种可怕的身体的衰竭与精神的空虚,他对自己的职业产生了厌倦和反感。于是,他坚决地向他的父亲提出改做一名神父。万般无奈的父亲亚当只好求助于李斯特的老师莱赫先生。在老师的劝说下,李斯特终于放弃了做神父的打算,但这个念头并未在李斯特的脑子里消除,也许这就是李斯特暮年出家的一个序奏。为了李斯特的健康,一家人来到法国的布伦去休养。温和的阳光、金色的沙滩、凉爽的海水逐渐抚平了李斯特内心的焦虑,他又变得强壮起来。可是,他的父亲亚当的身体却每况愈下,最终一病不起,在这里走完了他生命的全程。父亲的去世给李斯特沉重的打击。这时，他刚满16岁。

16岁的年龄已不再是"神童"的年龄，必须理智地安排未来的生活道路。于是，李斯特·弗朗茨逐渐谢绝了来自各方的演奏会邀请，开始以教授钢琴为生。显然，教书对于自己来说也是一种学习，他从中也获得了不少知识和乐趣。他努力地尝试一些有效的方法，把自己在钢琴演奏中的心得告诉给别人。通过教书，他了解了开演奏会时不可能有的知识并积累了丰富的经验。随着声名鹊起，学生也逐渐多了起来。在一次文学艺术家的茶会上，他结识了著名作家维克多·雨果。对于年轻的李斯特来说，雨果简直是一个圣人，头上闪耀着智慧的光轮，他的那些深邃思想和彻底的革命精神，深深地打动了李斯特的心。

尽管李斯特·弗朗茨没有公开举行音乐会，然而，他在教学时的示范演奏仍然打动了他的那些学生们的心。不久后，他成为了圣·克里克伯爵女儿卡罗琳的钢琴教师。卡罗琳是一个美貌的女孩，性情温柔。他们一见钟情，在每次的音乐课上，他们俩通过令人动心的音乐语言交流思想。卡罗琳的母亲伯爵夫人长期重病缠身，但她是一个善良的人，对这对天真的年轻人神魂颠倒的爱充满了理解，并且是他们幸福的支持者。然而她的丈夫圣·克里克伯爵在夫人死后，立刻召见李斯特，道貌岸然地表示了对李斯特的感谢和尊重，然后，付清了酬金，拒绝李斯特以后进入这个家门。不久之后，圣·克里克伯爵不事声张地把女儿嫁给了贝亚恩省的一个名叫阿尔迪戈的小贵族。刚刚才从丧父的悲痛之中平静下来的李斯特这次几乎垮了。失恋的打击使他心力交瘁，他放弃了所有的教学工作，一蹶不振地卧病在床。并且再一次陷入一种新的神秘主义的狂热情绪之中。他找到他的忏悔人巴尔汀神父，要求进入教堂当一名神职人员。而巴尔汀神父就像他的父亲一样劝说他，竭力地想让他打消这些念头。一段时间的杳无音信，全巴黎的人以为他已经死了。甚至，一家巴黎报纸还发了一个讣告。

这种沉寂一直持续到了1830年，李斯特·弗朗茨终于清醒过来，从逆境中解脱了出来，逐渐恢复了元气。这一年他19岁。他感到自己不能脱离这个世界，离开那他喜爱的音乐、教学与活动，他获得了新生。他是雨果及其名剧《欧那尼》的有力支持者，他参加了室内乐的排练并举行了第一次室内乐音乐会。他从蒙泰得的《威廉·退尔》、伏尔泰的《马里翁·德罗尔梅》、夏托勃里安的《雷奈》、圣·佩韦的《勒奈》、拉马丁的《耶稣教的守护神》，以及康德和拉门内等人的作品中获得了灵感和激情，并且开始出入社交界，而且还是文艺沙龙中的常客。在那里，他有幸认识了青年作曲家柏辽兹。柏辽兹这时已完成了他最著名的《幻想交响曲》，这部作品是早期标题性交响曲的典范之一。可以这样说，法国浪漫主义运动的精华集中在作家雨果、画家德拉克洛瓦和柏辽兹这三个人身上。而李斯特和这三个人都建立了深厚的友谊，并在思想上受他们影响颇深。

1830年7月25日，法国复辟皇帝宣布解散众议院，这一行动就像在柴堆里点燃了一把火，七月革命爆发了。李斯特亲眼目睹了这场革命，他为此热血沸腾，满怀激情地投身到歌颂起义者的《革命交响曲》的创作之中。就像他母亲讲的那样："炮声治好了他的病。"然而，七月革命并没有使李斯特那些善良愿望成为现实。"光荣的三天"之后，一切照常，什么也没有变化，人民比以往更加贫困。李斯特迷惘的心又失去了寄托，革命的失败使他把精神寄托于圣西门的空想社会主义，并与圣西门主义的传人安凡丁结交。就这样，李斯特从各个方面去探求人生的奥秘，从各种渠道去汲取营养。

1831年3月9日，本是平凡的一天，然而对李斯特·弗朗茨来说又是注定伟大的一天。伟大的小提琴家尼科洛·帕格尼尼做客巴黎，并在大歌剧院巨大的大厅中举行了独奏音乐会。这场音乐会吸引了巴黎的几乎所有文化名人，李斯特坐在大厅前排，他被帕格尼尼那双魔手和那根魔杖一般的小提琴弓子给征服了。这一天是他生活的一个转折点，他感到自己真正成长，甚至成熟了。这场音乐会就像一堆燃烧的火，烧掉了李斯特·弗朗茨过去的一切，使他获得了新生，他决心要成为钢琴上的帕格尼尼。为此，他日复一日地苦练，钢琴终于像小提琴在柏格尼尼手中那样，能演奏一切美妙的音乐。这期间，他成功地把帕格尼尼第二小提琴协奏曲的终曲主题改编成了钢琴曲《钟声》，经过几年的积累，他根据帕格尼尼的小提琴随想曲，又改编了一本钢琴的《帕格尼尼练习曲》，在这些曲子中，引入了大量的从未有过的新技巧；准确的大跳，双手八度交错半音的快速上下行（即"李斯特八度"），别致地拨奏，三、六度的滑奏，巧妙细致的踏板等等，这时，钢琴已不仅是沙龙中的宠物，而是变成了具有宏大气势的乐器。用这些新的演奏方法，他甚至还改编了柏辽兹的《幻想交响曲》。在一次音乐会上，当柏辽兹亲自指挥乐队演奏了自己创作的《幻想交响曲》后，李斯特又接着上台用钢琴将其中经自己改编的第四乐章演奏一遍，其音乐效果比乐队犹有独到之处，引起了全场雷鸣般的掌声。李斯特终于超越了过去的自己，把钢琴的演奏艺术带入了一个新的天地。

也许像李斯特·弗朗茨这样的人是不可能寂寞的。人们不仅仅惊叹他的才华，同时他那高大英俊的身形、文雅而安逸的举止以及那丰富而变幻莫测的表情——尤其在演奏时更是如此，巴黎上流社会许多贵族名媛被他迷住了。经过柏辽兹的介绍，李斯特接受了一位名叫玛丽·达戈尔的伯爵夫人的邀请，出席她所举办的家庭晚会。玛丽夫人是巴黎社交界的名人、作家，受过良好的教育，有文化修养，懂得多国文字。她早年曾在修道院待过，后来嫁给了比她年长23岁的丈夫达戈尔伯爵。很显然她与丈夫关系较为疏远。

时年玛丽夫人28岁,具有成熟女人的一切风韵,在晚会上显得格外光艳照人。两个人很快便情投意合,坠入爱河。

然而,巴黎社会和双方的家庭给了他们巨大的压力,因为玛丽是一个有夫之妇。不久,1833年的冬天,玛丽毅然抛弃了富裕的家庭生活和比她年长23岁的丈夫,与李斯特旅居瑞士和意大利。这场结合,玛丽给李斯特生了3个孩子:大女儿布兰丁、二女儿科西玛、三儿子丹尼尔。然而,李斯特和玛丽的这次恋爱持续了约9年后,终告结束。

在玛丽夫人的文艺沙龙里,李斯特有幸结识了他十几岁时就非常敬慕的拉门内神父和与自己年龄相仿的波兰杰出的钢琴诗人肖邦。拉门内神父不仅是个基督教社会主义者,而且还是一位作家。拉门内神父从和李斯特的谈话以及李斯特的音乐中发现了他善良的秉性和对艺术的忘我精神,他帮助青年李斯特树立了一个艺术家应有的社会责任感,帮助他了解了人民大众的苦难,指引他树立起艺术家应为劳苦大众呐喊的神圣使命感和与邪恶势力作斗争的正义感。他的朋友肖邦则用他那宽广悠扬、感人至深的旋律,色彩丰富而极有表现力的和声,生动并极富波兰民间舞蹈音乐的节奏，简单而又朴素的演奏手法给李斯特展示了另一幅生活画面，唤起了李斯特对故乡祖国匈牙利的深切怀念。尽管是少小离家，可他的胸膛里跳动着的仍是一颗匈牙利人的心。

1836年3月，李斯特·弗朗茨离开瑞士重返巴黎，决心与人称"三只手"的泰尔伯格一决雌雄。1837年的1至3月间，两个人分别举行了多场独奏会，有时甚至两人同台演出，表演同一个曲目，但是难分高下，人们只能说：泰尔伯格天下第一，李斯特举世无双，但是人们从李斯特的音乐中已经感受到了那种激动人心的新的音乐风格。

1837年3月30日举行的一场援助意大利难民的义演音乐会成了他们俩最后一次的胜负之争，李斯特不仅把自己多年研究的演奏艺术以辉煌的技巧、热情的风格表现出来，而且还巧妙地引用了泰尔伯格的那些被评论界宣扬为"新的"，实际却是过时的方法，在演奏中他甚至还自然地融合了同台演奏的其他大家们的所有优点，包括车尔尼的严谨风格、肖邦的幻想色彩、埃尔茨和皮格西斯的自然娴熟。最后在观众狂热的掌声和欢呼声中结束了全曲的演奏。他终于确定了自己在钢琴演奏艺术上无人能比的地位,并获得了"钢琴之王"的美称。

03 / 为祖国巡演

1838年,李斯特旅居意大利,自从和泰尔伯格那场耗尽心力的马拉松式的比赛之后,他又开始过着有规律的生活。但近来总有一种说不出的阴郁和惆怅感侵袭心头。也许是他太疲劳。然而,当他从一家报纸上看到匈牙利佩斯城发生大水灾时,他的心被震动了,他立刻就意识到产生这些心情的主要根源:无家可归,没有祖国。他的心里油然升起一股不可遏制的思乡之情,他的眼前又浮现出童年那不太长的一段在多波尔杨村的景象:一排排矮房,一片片辽阔的牧场,充满了肃静的教堂,魔术般的吉卜赛人的乐队。他感到有一种不可抗拒的力量推动着他去援助那些不幸的难民。祖国正需要他。如果他不能用自己微薄的收入去帮助祖国的灾民，良心上就永远不会得到安宁，永远睡不着觉。

于是，他不顾多人的劝阻，退掉了所有的演出合同，立刻动身到了阔别多年的维也纳，在那里为受灾难民举行义演音乐会。他受到狂热的欢迎，连开了11场音乐会，共凑足了24000盾巨额金款。他把它们全汇回了匈牙利，这是当时匈牙利所获得的最大数目的个人捐款，欧洲的各大报纸广为报道了这次历史性的演出。

1839年12月，李斯特·弗朗茨实现了多年的梦想，回到了匈牙利。当他到达当时的首都波若尼（即今布拉迪斯拉发）时，国会正在举行会议。听说李斯特回到了祖国，议员们立刻中断了会议，并组织了一个大贵族代表团到船码头去迎接他。那场面极为壮观，人们向他欢呼，争着和他紧紧握手，像兄弟一样拥抱他。妇女儿童向他赠送花环，军官士兵向他举刀致敬，群众为他举行游行。文学艺术界为他举行专场音乐会，在音乐会上演唱了专门为他所写的合唱。

然而，李斯特·弗朗茨并没有被这些冲昏头脑，他深深认识到一位音乐家的责任不只是开一场演奏会,而是要使民族的音乐焕发出应有的光芒,使民族的音乐能走向世界,于是他在匈牙利著名音乐家艾克尔的帮助下,开始搜集、整理、记录匈牙利的民族民间音乐,并从匈牙利的吉卜赛艺术家蓬果的舞蹈中领略了匈牙利民族民间舞蹈热情、矫健、活泼的艺术魅力。在一次晚会上他还专门演奏了他刚刚用匈牙利民歌《拉科齐》改编的钢琴曲。为了能尽快引起人们的注意,唤起人们对匈牙利民族音乐的热情并促使它早日发扬光大,他还专门组织了一次联欢晚会,晚会专门邀请了他认为有利于振兴匈牙利音乐事业的人。在晚会上,他向他们提出了那些至今还被人所称道的举措:建立自己的音乐学院,搜集优秀的民间歌曲加以整理、出版,扶持和加强处于萌芽阶段的匈牙利歌剧,创造匈牙利的舞蹈。为此他又捐赠了大量的钱作为建造音乐学院的经费。

1840年,李斯特·弗朗茨在民族剧院所举行的音乐会达到了他这次回国的高潮,他穿着民族盛装,为狂热的观众演奏了《半音阶加洛普舞曲》《拉迈莫利·露西亚》《拉科奇进行曲》等优秀的匈牙利民间音乐改编曲,引起了观众强烈的反响。为了表示对李斯特的钦佩爱戴之情以及表彰他作为一个匈牙利音乐家所获得的巨大成就，佩斯市授予他荣誉公民并由6位知名人士送给他一把象征着爱国主义精神的军刀。这一举动使李斯特感到终于把自己和祖国光荣地联系在一起，作为一名艺术家，要担负起为祖国艺术事业做贡献的严肃责任和义务。

从这以后，由他的祖国作为出发地，李斯特·弗朗茨开始了他长达近10年的旅行演奏生涯，他要让音乐去宣扬他的民族，也要让世界去了解他的民族。这近10年的旅行演奏，被人们称之为李斯特演奏艺术的"黄金时代"，其演出活动的频繁程度是前所未有的。他在德国、意大利、法兰西、英格兰、西班牙、土耳其、俄罗斯等地进行演出。1840年3至4月间的演出活动足以说明他的辛劳程度：在捷克布拉格11天之中他共举行了6场音乐会；在德累斯顿他一星期演出3场；接着在莱比锡连续演出4场；最后三个星期又开了13场。

在使人筋疲力尽的近10年的时间里，李斯特·弗朗茨共开了1000多场个人音乐会，演奏了近千首作品。这些作品的一部分是他在繁忙的工作中自己创作或改编的,如《降E大调第一钢琴协奏曲》《A大调第二钢琴协奏曲》《帕格尼尼练习曲》《但丁奏鸣曲》,部分《匈牙利狂想曲》、钢琴曲《旅游岁月》第1、2集,歌曲《罗列莱》《啊!在我梦中》《你像一朵花》以及56首舒伯特著名歌曲的改编曲,贝多芬、莫扎特、海顿等人的交响乐的改编曲。综观他的音乐会,就像走进了一个音乐长廊,你可以在那里看到许许多多熠熠生辉的名字:巴赫、贝多芬、莫扎特、海顿、瓦格纳、舒曼、威尔第、门德尔松……李斯特把他们都蕴藏在自己的钢琴演奏之中。

　　李斯特·弗朗茨所到之处无不受到热情观众的欢迎,受到犹如王公贵族一样的尊重。在英国,维多利亚女王经常请他到别墅度假;在丹麦,国王授予他最高勋章;在柏林,他被选为科学院名誉院士并请著名雕塑家拉乌克为他雕像……各种荣誉不胜枚举,都向他涌来。1842年10月31日,李斯特还接任了刚刚去世的大师洪梅尔的职务,担任魏玛宫廷乐长,以后的每年在魏玛工作3个月。李斯特从所举行的1000多场音乐会中只得取了一小部分用来养育他的3

个子女和支付一些必要开支的钱。而将其中的一大部分钱用来帮助那些需要帮助的人。他捐资完成了波恩的贝多芬雕像以及比利时音乐诗人格利特里雕像。他捐资修建了科恩的大教堂，他为康德的母校捐款以解困难。他修建并资助了许多孤儿院和慈善机构等等，而在他去世时，只有一袭袈裟、几条手绢而已。他任何时候都记住这句话："艺术赋予责任。"

1846年4月30日，李斯特·弗朗茨重返匈牙利，人民仍然对艺术家敞开了热情的怀抱，他们的情绪之热烈是罕见的。欢迎诗一首接一首，歌唱团一个接一个。甚至到了晚上，为他演奏小夜曲的人还是一批接一批。李斯特觉得一切都是那样美好，他感到了疲劳，他再不想离开，他多么希望有一个人这时告诉他："留下来吧，不要离开！"可是没有一个人这样说，人们只要他在国外继续取得成功，要他在那里为匈牙利人讲话、歌唱，向世界宣传自己的祖国。他仍然只是一个游子，一只为祖国歌唱的鸟，一个有家却又无家可归的艺术家。

旅行演奏生涯尽管给李斯特·弗朗茨带来巨大的无与伦

比的荣誉，然而，伴随荣誉而来的是各种批评诽谤和不怀好意的挖苦。也许是因为嫉妒，或是李斯特过多地周旋于王公贵族之间，或是那些围在他身边的女人们所造成的不好的影响。他的许多朋友要么不理解他，要么远离冷淡他，有些甚至背叛他，攻击他。然而，李斯特仍然坚持自己的基本原则：宽恕所有的人。在漫长的生活中，尽管他受到粗暴无理的侮辱和毫无理由的责难，尽管他学会了欧洲各个大城市精神世界的很多东西，但唯有一条他没有学会：仇恨。在他后来创作的《安魂曲》中，他只表现了一个主题，那就是博爱。他认为，只有博爱，才是推动这个世界的动力。

1847年，李斯特·弗朗茨二度赴俄演出，在这段日子里，他结识了波兰的卡罗琳·莎依·维根斯坦公主，这使他的生活出现了新的转折。卡罗琳公主是波兰人，家财万贯，在她的领地上有3万农奴，是时她28岁，已与比她年长得多的丈夫维根斯坦公爵这位沙皇的宠臣分居。卡罗琳公主是个了不起的女人，有着非凡的洞察力和极高的才智和文学艺术修养，除母语波兰语外她还能熟练运用拉丁文、希腊文、法文、英文、德文、俄文。她还是一个虔诚无比的天主教徒，经常帮助那些缺吃少穿的农奴。她的宗教观念对李斯特的晚年产生了很大影响。李斯特在俄国的那些演出，她几乎每场必到，是李斯特音乐的崇拜者。同样，在与卡罗琳公主的交谈中，李斯特也为她那丰富的学识，敏锐的艺术鉴赏力和优雅的性格所打动，在一段频繁的交往后，他们俩终于相爱。这是一种相互敬佩和相互理解的爱。李斯特曾在给朋友的一封信上写道："为了同卡罗琳公主谈几个小时的话，我愿意多走成百上千公里的路。"最为重要的是，卡罗琳公主终于说服了李斯特放弃颠沛的演奏生活，定居下来，安心转向音乐的创作事业。1847年10月，李斯特在叶利查维特格勒举行了他旅行演奏生涯中的最后一次公开音乐会后，结束了他辉煌的近10年的演出生涯，并与卡罗琳公主隐居。

而此时的欧洲正处于动荡不安的时刻，战乱四起。尤其是在匈牙利，爆发了反抗异族统治的革命起义，这使得李斯特不得不放弃回到祖国匈牙利定居的打算。1848年，李斯特再度接受了魏玛公国宫廷乐长和乐队指挥的职务，和卡罗琳公主定居于魏玛。

04 / 魏玛时期

如果说 1848 年以前的那些岁月是李斯特·弗朗茨奋斗，成长，演奏艺术辉煌的成功岁月，那么，在这以后直到 1861 年共 13 年的时间中，则是他一生中最重要的时期，他的创作才能在这段时间里得到了最充分的展示。他把他多年的思考、探索，业已成熟却又是较为复杂的思想，对人生的看法和追求，对祖国、民族的热爱及对饱受灾难之苦的民众的同情都浓缩在他的创作中。他首创了"交响诗"这一音乐体裁。并创作了他一生中最重要的一些作品。如交响诗《前奏曲》《塔索》《普罗米修斯》《英雄的葬礼》《匈牙利》《但丁交响曲》《浮士德交响曲》《匈牙利狂想曲》等等，这些作品从各个不同的侧面反映了他的心声，从中可以听出他对人生的思索，对英雄人物的讴歌，对祖国民族的赞颂，对未来美好生活的向往。尤其是《英雄的葬礼》，反映了李斯特对在匈牙利民族解放战争中牺牲的烈士的深切哀悼和对奥地利统治者——俄国沙皇血腥镇压起义的憎恨,正像亡国的波兰在肖邦的音乐中得到反映一样,饱受煎熬的匈牙利也在李斯特音乐中得到了反映。

除此之外,李斯特·弗朗茨的宫廷乐长和指挥的职位给他的音乐活动带来了极大的便利,他不仅经常为观众们上演一些经典的古典歌剧和交响曲,还广为宣传和演奏当时欧洲一些作者的新作,介绍他们的音乐风格。尤其是对那些具有革新思想不受传统条条框框所约束的新音乐他更加推崇,并竭力为之鼓吹,使这些音乐能受到世人的认可,这可以从他对瓦格纳及其音乐的大力协助中看得出来。

李斯特·弗朗茨与德国音乐家瓦格纳在1842年他旅行演奏时期相识,在当时李斯特已是远近闻名的钢琴大师时,瓦格纳还默默无闻,怀才不遇。但当李斯特读到瓦格纳早期作品时,立刻就为他作品中所蕴藏着的天才所打动,留下了深刻的印象。1849年5月,瓦格纳作为一个革命者参加了德累斯顿起义。在起义被镇压后,受到通缉,四处逃难,走投无路时投奔了李斯特。李斯特热情接待了他,并竭力帮助他逃亡,逐渐地两个人建立了深厚的友谊。李斯特甚至不顾后果,竭力排练上演瓦格纳的新作《罗恩格林》《汤豪塞》等等，使瓦格纳和他的音乐受到了社会的充分重视。为此他也招来了许多不喜欢这些新音乐的人的攻击，甚至在他指挥的音乐会上大打出手，连他的朋友柏辽兹、舒曼等人也开始远离他，并对他为瓦格纳所做的一切进行攻击。然而，李斯特一如既往，不为所动。并不带任何偏见地继续为之努力，不仅仅是对瓦格纳，而且是通过这些行动去鼓励更多的音乐家。

在李斯特·弗朗茨的努力下，小小的魏玛逐渐成为全欧洲的一个音乐中心，吸引了不少的国外音乐家和各种艺术流派的人，因为他们认为只有在魏玛才能公开地宣扬自己的观点，各种流派才能发展。在李斯特周围团结了一大批年轻有为的音乐家、艺术家，他们形成了一股强劲的潮流，给当时的欧洲乐坛吹来了一片清风，给魏玛这座城市带来了极大的光荣。1854 年，李斯特把一些和他志同道合的音乐家组织起来，建立了"新魏玛协会"。1861 年他又进一步建立了"全德音乐家协会"，在协会的支持倡导下，他们演奏了几乎所有大师的著名作品，而且还包括他的若干首交响诗、钢琴协奏曲、交响曲等。尤其是他的交响诗，这是他青年时期和年富力强的中年时期的总结。尽管李斯特从小就着迷于贝多芬等古典大师们的交响曲,然而他并没有把热爱变成迷信,他进一步发展了交响曲的形式,使之更加自由,有更广阔的发展天地。

然而,李斯特·弗朗茨的革新精神和他的划时代的作品遭到了许多粗暴的攻击,这些攻击来自那些因循守旧的人,这些人认为,李斯特的音乐违背了传统原则,是音乐的离经叛道者,应该受到惩罚。有时攻击不只针对他,而且还把矛头指向卡罗琳公主。从祖国匈牙利传来的消息也是相同的,那些文艺界的人士对他口诛笔伐,极尽挖苦,这使李斯特十分伤心。这些人忘了很多欧洲的人是通过他的《匈牙利狂想曲》才了解匈牙利的。即使如此,李斯特强迫自己对别人的诽谤不加理睬,在他给别人的信中写道:"我凭经验就知道我的作品是多么不受欢迎,我只能默默地忍受。"1861年底,由于李斯特的敌对派激烈地反对李斯特的新音乐倾向,并对他的人格及其作品进行无休止的攻击,使他逐渐丧失了魏玛大公对他的支持。他终于辞去了宫廷乐长之职。

05 最后岁月

　　1861年底，由于李斯特的敌对派们激烈地反对李斯特的新音乐倾向，并对他的人格及其作品进行无休止的攻击，使他逐渐丧失了魏玛大公对他的支持。此后，李斯特和他的伴侣卡罗琳公主离开了魏玛，来到了天主教的中心地意大利罗马，开始了他的退休生活。在这段时间里，他对宗教的倾向日益强烈。青少年时对宗教的狂热迷恋这时也仿佛一起迸发出来，他的大部分时间都花在祈祷与宗教活动上，并经常与教皇接触，教皇曾极力地劝说李斯特加入宫廷的行列中去，并希望他能领导并帮助教会音乐重现往日的辉煌。这无疑使李斯特心动，再加上卡罗琳公主的极力支持，1865年4月25日，李斯特加入了教会，接受了"神父"称号，成了一个虔诚的天主教徒。这期间，他创作了好几部宗教音乐，如《圣伊丽莎白逸事》《耶稣基督》《匈牙利加冕弥撒》等。尽管李斯特隐身教会并很少提起他自己的那些作品，然而他的许多才华出众的学生和致力于新音乐发展的朋友们并没有忘记他的那些天才之作。冯·彪罗在海牙演奏他的《死神之舞》取得了轰动性的成功；他的《圣伊丽莎白逸事》在匈牙利也引起了巨大反响，随之而来的是他的《但丁交响曲》《拉科齐进行曲》在匈牙利又一次带来轰动。他的意大利学生斯加姆巴演奏的《耶稣基督》也获得盛赞；俄国钢琴大师鲁宾斯坦把李斯特的许多作品列入了他的音乐会必弹曲目。但李斯特不为所动，他知道他的作品离大多数人还很遥远，他需要等待，未来会证明他是对的。

1869年，在魏玛大公及音乐界各方人士的不断请求下，李斯特·弗朗茨再次回到魏玛，并在那里从事一些音乐教育和艺术管理方面的工作，因为自从他离开魏玛后，德国就失去了往日艺术的繁荣景象，而现在，魏玛似乎又焕发出昔日的光辉，他仿佛是一块磁铁，他的学生们、那些老朋友们又向他聚集过来，同时更多的新朋友也走到他的周围，他和与他反目的老朋友瓦格纳又和好了，并一同出席了他的《耶稣基督》在魏玛的演出仪式。

1875年，李斯特·弗朗茨又接受了布达佩斯音乐学院院长一职,至此,他把他几乎全部的精力都投身到了教育工作中,他坚持一条基本的原则,从不收学生的学费。从1876年开始,他就走马灯似的奔波于布达佩斯、魏玛和罗马之间,忙于教学工作和一些艺术活动。现在他的学生遍及全世界,多达几百名,繁忙的教学工作几乎耗尽了他所有的时间。然而,李斯特从不拒绝别人的求教,尽管许多求教者没有任何音乐的天赋。李斯特对学生的要求极为严格,他不仅给学生们灌输钢琴艺术的各种知识,而且还给他们的心灵灌输音乐的精髓。在他的门下,涌现了一大批优秀的享誉世界的钢琴家:冯·彪罗、陶西格、艾米尔·沙瓦、罗仙达、德尔贝、索菲亚·曼达、安索尔格等人。

1886年,各地为了庆祝李斯特·弗朗茨75岁生日而举行了各种庆祝活动,纷纷邀请他出席。他不得不拖着衰老的身体奔往各地,开始了他最后一次长途跋涉,他途经了法国、英国、德国、比利时等地,无不受到热烈的欢迎。尤其是在伦敦,他受到了一个国王才能受到的隆重接待。当他走进大厅时,人们全体起立,热烈欢迎这位当代活着的最伟大的音乐家、钢琴之王。尽管长时间的旅行给年老的李斯特带来无法控制的疲劳，但他仍不忍拒绝各地的殷切希望。

旅途的劳累，摧垮了李斯特浑身疾病的身体，然而他不顾这些，坚持要从巴黎尽快赶回拜洛伊特出席瓦格纳的歌剧《特里斯坦与伊索尔德》的演出仪式，并连夜兼程，以至于途中受了风寒，病情急转直下，在神智昏迷时还不断地喊着："特里斯坦、特里斯坦……"

1886年7月31日晚，这位伟大的天才终于与世长辞。

李斯特的创作道路和他的演奏经历正好相反，他的演奏一帆风顺，在世时就被冠以"钢琴之王"的美誉，而他的创作则历尽坎坷，众说纷纭，褒贬不一。无论是成功还是失败，他历来就安之若素，但他对自己作品的未来充满信心。今天，当音乐经过了100余年的发展之后，人们才终于正确认识到李斯特的成就，认识了李斯特音乐的内涵。正是他的革新精神，影响了一大批作家，才把音乐带向了今天，并将带向未来。

匈牙利伟大的民族作曲家

——巴托克·贝拉

巴托克·贝拉（1881—1945），全名巴托克·贝拉·维克托·亚诺什，是20世纪最伟大的作曲家之一，匈牙利现代音乐的领袖人物。同时也是钢琴家，民间音乐学家。出生于匈牙利东部的一个小镇上，自幼跟随母亲学习钢琴，9岁时便表现出过人的音乐才能，10岁首次登台演出自作钢琴曲。1899年进入布达佩斯皇家音乐学院学习钢琴和作曲。1903年创作了首部交响诗《科苏特》，4年后毕业，开始了钢琴演奏家的生涯。一生中他总共在22个国家完成了630场音乐演奏会。1907年任布达佩斯皇家音乐学院钢琴教授，一直在这里工作25年之久。他曾说过："我找到了作曲家的自我以后，充分意识到的一个根本思想就是：人类的友爱。尽管有战争，有冲突，人类还是友爱的。我将尽我所能，在我的音乐中为这一理想而奋斗。"在动荡不安的岁月里，他从民间音乐中汲取灵感，用高度个性化的手段，在强烈的情感与坚定的理智之间寻找到完美的平衡，创造出既属于匈牙利又属于全人类的艺术精品，用音乐记录下整个时代的伟大声音，而历史也会永远铭记这位伟大的作曲家、钢琴家和民族音乐学家。

01 初露头角的音乐才子

1881年3月5日，在匈牙利首都布达佩斯东南大约200公里的一个小镇瑙杰圣米克洛什，也就是今天罗马尼亚的圣尼古拉·马雷小镇上，诞生了一位伟大的音乐家巴托克·贝拉。

巴托克·贝拉的祖父巴托克·亚诺什早年间曾经参加了1848至1849年的匈牙利革命，在革命失败之后远走他乡，在国外学习农业。1852年，他返回了瑙杰圣米克洛什，并担任了该地的农业大学的校长。巴托克的父亲在他的父亲去世之后继任了他的职位，同样成为当地农业大学的校长，名字也叫巴托克·贝拉，他十分热爱音乐，会演奏钢琴和大提琴，还参加了当地的管弦乐乐队。巴托克的母亲是一位教师，同时也弹得一手好琴。受家中浓厚音乐气氛的熏陶，巴托克自小就对音乐十分感兴趣，2岁的时候就缠着父母要学习钢琴。在巴托克5岁生日的那天，母亲给他上了第一堂钢琴课，自此，音乐便与他结下了不解之缘。巴托克十分具有音乐天分,在学习钢琴一个月后便可以和母亲一起进行四手联弹。

巴托克·贝拉的父亲33岁就撒手人寰,迫于养家糊口的压力,他的母亲不得不重执教鞭,带着巴托克和他的妹妹辗转各地。虽然巴托克的文化学习不正规,但是他的钢琴演奏进步十分明显。

1891年,在一次慈善音乐会上,不到11岁的巴托克·贝拉以钢琴家和作曲家的双重身份首次登台,为大家演奏了贝多芬的《第二十一钢琴奏鸣曲"华尔斯坦"》第一乐章和自己创作的钢琴曲《多瑙河》。

为了让巴托克·贝拉能有良好的文化环境,他的母亲四处奔走,终于谋得普雷斯堡师范学校的教职。1894年,巴托克进入当地的中学读书,同时他通过考试,得以师从拉罗什·艾凯尔学习钢琴。拉罗什·艾凯尔是匈牙利民族乐派优秀作曲家费伦茨·艾凯尔的儿子,他不仅是一名钢琴教师,还是一名乐队指挥,他会经常给巴托克一些音乐会和歌剧演出的赠票。关于当时的情况,巴托克曾在《自传》中描述说:"我那时可以去听音乐会和歌剧了,虽然不是第一流的演出。我也有机会去参加室内乐演奏了。在我18岁的时候，我已经学遍了从巴赫到布拉姆斯的全部曲目，而且还学得很好。"

巴托克·贝拉一家在普雷斯堡的生活是十分拮据的，为此巴托克十分努力地争取奖学金，尽管他的身体孱弱还经常生病，但他总能获得优异的成绩。为了减轻家庭的负担，巴托克从12岁起就开始辅导一些私人学生，并通过所赚的钱来购买他所需要的乐谱。在这期间，他结识了一位好友艾尔诺·多纳尼。多纳尼当时是布达佩斯音乐学院的学生，他经常会向巴托克提到学院里优秀钢琴教师伊斯万·托曼优秀的教学。

1898年，巴托克·贝拉考上了维也纳音乐学院，还获得了奖学金。但是好友多纳尼建议巴托克应该留在自己的祖国学习，因为他认为一旦去了维也纳那样国际性的地方去读书，就会逐渐丧失一个匈牙利人的音乐生命。在爱国之心的驱使下，巴托克在第二年考取了布达佩斯皇家音乐学院。

匈牙利首都布达佩斯向来拥有十分丰富的音乐生活，优秀钢琴家尤金·达尔贝尔的演奏、小提琴家扬·库贝利克的演出以及众多的歌剧演出极大地开阔了巴托克·贝拉的音乐视野。

在进入布达佩斯皇家音乐学院后，巴托克·贝拉师从伊斯万·托曼学习钢琴，在老师悉心的教育下，他进步神速。巴托克以前就具备了良好的演奏技巧和高雅的艺术趣味，而老师的教育则让他提炼出一种更有艺术修养和思想深度的演奏风格。在钢琴课进展神速的同时，巴托克的作曲课却进展不利。作曲老师汉斯·科斯勒属于老派学者，尽管他教出了多纳尼、科达伊这三位优秀的作曲家，但是他对学生的创新愿望却不以为然。

巴托克·贝拉为人十分严谨，他从不喝酒，也不去当时文人集聚的咖啡馆。在闲暇之余，他经常会到布达佩斯的郊外散步，让自己融入美丽的大自然之中。对自然的热爱成了他终生难以割舍的情结，甚至还在以后的作品中创作出寂静的夜晚，各种昆虫嗡鸣合奏般的意境。

1903年，22岁的巴托克在布达佩斯皇家音乐学院毕业，他开始去维也纳、柏林和故乡瑙杰圣米克洛什举行钢琴演奏会。

1904年，巴托克在布达佩斯首演了他人生中第一部大型管弦乐作品《科苏特交响曲》。科苏特是1848至1849年匈牙利革命的领导者，带领人民反抗奥地利入侵者的统治。在这部作品的第8段，巴托克对奥地利国歌加以嘲讽变形，这引起了奥地利当局的不满，但在匈牙利却大受欢迎。

1905年,匈牙利著名的指挥家汉斯·里赫特把巴托克·贝拉的《科苏特交响曲》介绍到了英国曼彻斯特，巴托克也在音乐会上演奏了他的钢琴作品。同年，巴托克除了去柏林外，就积极为巴黎举行的第五届鲁宾斯坦钢琴和作曲比赛做准备。他埋头创作，满怀信心地向评委提交了一首为钢琴与乐队而作的《狂想曲》。这是一首在李斯特《匈牙利狂想曲》影响下产生的作品，它按照吉卜赛风格的军乐样式，第一段缓慢悠长，第二段则是快速的舞曲，整个音乐抒情热烈，充满活力。然而，钢琴比赛的桂冠被著名钢琴家威廉·巴克豪斯取得，巴托克对此心悦诚服，但原本认为十拿九稳的作曲奖也榜上无名，这让他感觉十分失望。但这次巴黎之行让他认识了来自各方的青年音乐家，大大地开阔了眼界，丰富了经验。

02 / 热爱民乐的音乐教授

1905 年，巴托克·贝拉在特兰西瓦尼亚无意中听到一位妇女演唱的《红苹果》一曲，曲调新奇独特，令人十分难忘。这也是巴托克第一次听到真正的匈牙利民间音乐，于是他开始迷恋创作民间音乐。从那时起他开始对民间音乐产生了浓厚的兴趣，开始收集匈牙利民歌。两年后，巴托克结识了作曲家佐尔坦·科达伊，不久两人便成为亲密的朋友。在科达伊的影响下，巴托克开始与科达伊一起研究罗马尼亚、斯洛伐克、塞尔维亚、克罗地亚、保加利亚、土耳其、北非同时包括匈牙利的乡村音乐。

自此，巴托克·贝拉多次前往偏僻的乡村，用当时还很简陋的留声机把农民的歌唱准确地记录下来。最开始，巴托克和科达伊一样，主要采集马扎尔音乐，后来他开始把眼光和足迹扩展到其他国家和地区，包括罗马尼亚、斯洛伐克、土耳其和北非等。在战争和种族冲突不断的 20 世纪初，巴托克始终怀有一个信念，那就是人民之间应有"兄弟般的情谊"，包容任何其他民族的音乐。在这过程中，巴托克见识到了流传几个世纪的民间音乐，记录了他们为了寻求自由劳动和欢乐所作的斗争，也让他认识到，民乐是他活动的天地，与他的作曲相辅相成。巴托克以严谨的态度考察了各地民间音乐的源流和变迁，并形成了一套科学的收集和研究方法。

1906年，巴托克·贝拉与科达伊一起出版了《二十四首匈牙利民歌改变曲》，后续又有罗马尼亚民歌、塞凯伊民歌、斯洛伐克民歌等陆续出版。

1907年，巴托克在老师托曼教授退休后，成为布达佩斯皇家音乐学院的教授，要知道，一位年仅26岁的年轻人担任音乐学院的钢琴教授在当时是十分少见。他对教学十分负责，从指法、音色到分句都仔细推敲，不放过任何细节。虽然音乐学院教授的薪酬并不高，但可以让巴托克不必为生活担忧，特别是因为有暑假，可以让他外出采风、独自进行思考和创作。同年，巴托克开始接触德彪西的作品，这促使他摆脱李斯特和理夏德·施特劳斯的影响，在德彪西的作品中看到了当代音乐融入民间音乐的可能性。

年轻的巴托克·贝拉爱上了女小提琴家斯蒂芙·盖伊埃尔，并为她创造了一首小提琴协奏曲。这是一份没有公开发表过的手稿，直到盖伊埃尔去世后才在她的遗物中被发现，现在被称为巴托克的《第一小提琴协奏曲》。但是盖伊埃尔当时没有接受他的爱。在 1908 年，巴托克把这部作品改成了管弦乐曲《两幅肖像》。同年，巴托克创作了实验性质的《钢琴小品十四首》，这一首首独立的小曲各具特色，有的因素在他后来的音乐中得以发展，有的则被他抛弃。比如《粗野的快板》，音乐的曲调充满活力，让人们似乎感觉到骑手在平原上快速地驰骋。还有十分重要的一组弦乐四重奏，从《第一弦乐四重奏》到《第四弦乐四重奏》都由瓦尔德包尔四重奏组首演，这一四重奏组在 20 世纪上半叶匈牙利的音乐中起着十分重要的作用。

1909 年，巴托克·贝拉与自己的女学生马塔·齐格勒结婚，并在次年得一子，取名贝拉。马塔极其崇拜自己的丈夫，曾陪巴托克到挪威、法国、北非旅行，并参加丈夫的民间音乐采集工作。

1911 年初，一群热爱音乐的匈牙利年轻作曲家们成立了"匈牙利音乐协会"。对此，巴托克·贝拉在《自传》中写道："我的作品，从第四号开始都是用来申诉我的观点，在布达佩斯引起不少的攻击，这是可以理解的。原因之一就是，我们的管弦乐新作的演奏，总是不能令人满意，既找不到一个有眼力的指挥，也没有合适的乐队。1911年的斗争特别尖锐，这时，一些青年音乐家，包括科达伊和我，想要设法成立匈牙利新音乐协会。真正的目的是要组织一个独立的乐队，能够像样地演奏老的音乐，也能够像样地演奏近些年来的新创作。"但由于资金的问题，乐队没有成立，计划中要出版的刊物也没能面世，只是组织了几场现代音乐的演出，最终协会宣告解散。同年，巴托克为独幕歌剧《蓝胡子公爵的城堡》作曲，它由匈牙利诗人贝拉·巴勒斯撰写剧本。巴托克曾经写文说明了自己的目的就是要"努力用塞凯伊民间叙事诗的原始材料，来塑造现代的理性经验"。但是这部歌剧完成后被束之高阁，在7年之后才得到首演的机会。

巴托克·贝拉的采风计划因为第一次世界大战的爆发而被迫停止了。因为身体虚弱的原因，巴托克没有被强迫入伍。于是他开始深居简出,继续作曲。在1915年一封写给友人的信中,他写道:"我甚至还有时间作曲,那就意味着,我居然还有心思作曲。这样看来,文艺女神缪斯在战争期间也是不甘沉默的。我每天都在说,希望这一切早日结束。但是到底什么时候才能真正结束呢?"

1917年,巴托克·贝拉为舞剧《木雕王子》作曲。这部剧是根据民间故事改写的剧本,这部剧由布达佩斯歌剧院的客席指挥艾基斯托·坦格指挥了首演,演出取得了巨大的成功。

随着第一次世界大战结束,奥匈帝国解体。1919年,匈牙利成立了共和国,新政府任命多纳尼为音乐学院的院长,巴托克·贝拉和科达伊为副院长。但新政府仅存在了短短的半年,多纳尼和科达伊都被撤职,并因发表支持新政府的言论被审查。巴托克不得不呈上了"医生证明"请了病假,多次萌生了移居国外的想法。在这风云变幻的一年,他创作了他的最后一部舞台音乐作品哑剧《神奇的满大人》。作品更深层次的意义则是反映了痛恨破坏一切人类文明的战争的观点,同时也表明了即使是死亡也摧毁不了爱。在当时,这部哑剧当然不可能被大众接受。这部作品后来曾为庆祝巴托克50岁生日时而筹备上演,但最终以"有伤风化"为由被取消,但《神奇的满大人》在巴托克全部的创作中占有十分重要的地位。

1921年3月5日,为了庆祝巴托克·贝拉40岁生日,维也纳的《音乐萌芽》周刊为他出了一期专集,发表了他的自传。当时的巴托克已经有颇高的国际声誉,但随着声誉的提高,他的创作量却有所减少。这主要是因为他把主要精力都花在民歌研究上,同时《神奇的满大人》无法上演也让他倍感失望。

1922年,巴托克·贝拉前往国外度假,并在巴黎和伦敦举行了几场音乐会。在巴黎,他会见了斯特拉文斯基,并欣赏了他的作品,这给巴托克留下了非常深刻的印象。当他访问法兰克福时,当地还组织上演了他的舞台剧《蓝胡子公爵的城堡》和《木雕王子》。

1923年,巴托克·贝拉与第一任妻子结束了长达10多年的婚姻,并迎娶女学生蒂塔·帕斯托里为妻。同年,为了庆祝布达佩斯成为匈牙利首都50周年,政府打算举办一场盛大的音乐会，并委托 3 位匈牙利知名作曲家写作新曲。音乐会上，演出了多纳尼的《节日序曲》、科达伊的《匈牙利诗篇》以及巴托克的《舞蹈组曲》。《舞蹈组曲》体现了巴托克对民歌的采集和研究已经能够自然地融入他的创作中，而且他已经有能力把不同性格的主题融合为一个统一的整体。《舞蹈组曲》获得了巨大成功，在国内和国际都引起了极大反响。

此后的 3 年，巴托克·贝拉把他研究民歌的成果整理成书，出版了一系列著作，如《匈牙利民歌》《马拉穆列什的罗马尼亚族民间音乐》，还有与科达伊合编的《特兰西瓦尼亚的匈牙利族民歌》等。

1926 年，自《钢琴鸣奏曲》开始，巴托克·贝拉主要关注室内乐领域，有包含"大鼓与笛""船歌""风笛舞曲""夜音乐"和"狩猎"的钢琴组曲《在户外》，有以匈牙利少数民族民歌为主题的钢琴曲《三首回旋曲》，有通俗易懂民谣风格的《狂想曲》，有突出他对巴赫以及更早年代音乐研究的《第三弦乐四重奏》，还有能够清楚看到他作品中爱用的"拱形"对称结构的《第四弦乐四重奏》。在 20 年代后期，巴托克先后访问了美国和苏联,并在各地举行音乐会,获得了人民的热烈欢迎。

巴托克·贝拉的作品和内容变得越来越丰富多样,1930年创作了歌颂人与大自然相融合的《世俗康塔塔》,并亲自撰写歌词。根据他的概括,这部作品的内容为:老人有九子,教以习猎。稍长,去荒郊狩猎。行至一仙桥,过桥而九人尽变鹿。老父久盼不归,寻迹前往。告以母哀欲绝,求其归家。牧鹿答曰:"纤细躯体不耐衣,绿叶当被,纤足轻踏林中藓苔,不爱杯中甘醇,宁啜清泉。"这部作品的题材源于罗马尼亚民间的叙事诗,但是巴托克明确表示,只有内容是罗马尼亚的,主题素材完全是他自己创作的。

1931年,巴托克创作了具有很有特点的音簇的《第二钢琴协奏曲》,1935创作了具有他偏爱的复杂节奏组合的《第五弦乐四重奏》,此后创作的《弦乐、打击乐和钢片琴的音乐》《两架钢琴和打击乐的奏鸣曲》成为他成就最高的杰作。

03 融会贯通的音乐大师

1933年，纳粹开始在德国掌权，欧洲面临着陷入第二次世界大战的危险。1936年，以佛朗哥为首的西班牙法西斯分子企图推翻共和国，引发了内战。国际反法西斯力量纷纷支持共和国，然而得到意大利法西斯政权支持的佛朗哥于1939年攻占了马德里，世界大战处在爆发的边缘。巴托克·贝拉预感到战争即将爆发，曾对友人说道："局势叫人心痛，可我多希望能在大难临头前完成我自己的工作啊！"

1939年，巴托克·贝拉完成了自1926年起就开始写的多卷钢琴曲集《小宇宙》。《小宇宙》的创作起因是为了儿子彼得学习钢琴而写的教材，共有6卷153首钢琴小曲，虽然历经10多年才完成，但是风格统一，包含了丰富的内容和复杂的作曲技巧。同年，巴托克完成了为瑞士巴塞尔室内乐团写的《嬉游曲》。当巴托克正着手写《第六弦乐四重奏》时，接到了母亲去世的噩耗，他把内心的悲痛倾注到这首四重奏之中，《第六弦乐四重奏》也成了巴托克在国内所作的最后一首乐曲。

迫于严峻的形势，巴托克·贝拉决定离开匈牙利去美国避难。1939年10月8日，巴托克夫妇联手在音乐学院大礼堂举行了告别音乐会，演奏了巴赫、莫扎特的钢琴协奏曲，以及几首没有人演奏过的《小宇宙》作品。

随后巴托克·贝拉一家就前往美国，在到达美国的第四天，巴托克就与妻子在纽约市政厅举行的音乐会上演奏了《两架钢琴与打击乐的奏鸣曲》。1939年11月，哥伦比亚大学授予巴托克荣誉博士学位，并聘请他为客席副教授，继续从事民歌研究。巴托克很喜欢哥伦比亚大学的工作，在那里他有一间专用的房间，还拥有十分齐全的资料，在这里他研究出版了一本著作《塞尔维亚—克罗地亚民歌》。

背井离乡、举目无亲、生计窘迫……这些让巴托克·贝拉承受着很大的精神压力。同以往一样，巴托克不愿意因为教授作曲而影响自己的创作，但最初来美国的几年他并没有写出什么作品。然而不幸随之而来，巴托克患上了白血病，高烧不退，起初医生还不确定他患了什么病。但为了生计，巴托克抱病开音乐会、举办讲座。

1943年1月，巴托克·贝拉把《两架钢琴与打击乐的奏鸣曲》改成了协奏曲，并与管弦乐队合作进行演出，但没有想到这次演出竟然成了他演奏的"绝唱"，此后他再也没有力气进行公开演奏了。同年，巴托克受库塞维茨基金会的委托，要为波士顿交响乐团写一首大型管弦乐曲。由"美国作曲家、作家和出版家联合会"出资，让巴托克到纽约州东北部的萨拉纳克湖畔疗养，在那里他完成了《管弦乐协奏曲》。这部作品与巴托克以往的音乐风格相比发生了巨大改变，以往那种情感强烈、结构复杂、深入思索、刻意探究已经消失不见，而取之以抒情坦荡、触及灵魂的直击。

巴托克·贝拉接受创作的第二部作品来自小提琴家耶胡迪·梅纽因的委托。1943年11月，巴托克在音乐会上听到梅纽因演奏巴赫的《C大调小提琴奏鸣曲》和自己创作的《第一小提琴奏鸣曲》，被其深深折服，并在给朋友的信中写道："我的奏鸣曲……拉得精彩极了。如果演奏者是一位真正的大艺术家的话，就不需要作曲家给予帮助、给他出主意。因为他自己就会得其神而传之。有这样一位青年艺术家对并不叫做现代音乐的作品感兴趣，又拉得那样'毫无缺点'，真是莫大的幸事!"

巴托克·贝拉糟糕的身体状况令人忧心,"美国作曲家、作家和出版家联合会"又出资让他到北卡罗来纳州的阿什维尔进行疗养。那里优美的环境让巴托克心境舒缓平和,也让他重燃了创作的热情。每天清晨他外出散步,其余的大部分时间都在创作《小提琴独奏奏鸣曲》,这也成了他完成的最后一部作品。

先后又有几部新的约稿,其中包括中提琴演奏家威廉·普里姆诺斯,他邀请巴托克·贝拉为他写一部中提琴协奏曲。然而一场肺炎几乎夺走了巴托克的性命。他的白血病已经相当严重,为此美国"作曲家、作家和出版家联合会"不惜重金请名医给他会诊治疗。巴托克知道自己时日不多,而除了音乐没有什么能够留给自己相濡以沫的妻子。于是他暂时搁下了尚未完成的中提琴协奏曲,打算创作《第三钢琴协奏曲》,并将它作为爱情和感激的礼物送给了妻子。乐曲有华彩性段落,也有巴托克式的不谐和音,但整体还是那样明朗安详。其中第二乐章"虔诚的柔板"格外宁静清澈,带有一种感情升华的意境,体现了即将与世别离的巴托克对生命的虔诚赞礼。《第三钢琴协奏曲》的第一乐章完成于沙拉纳克湖畔的疗养地，随后巴托克返回纽约。在病榻上的巴托克奋力与死神争取时间，在妻子和儿子的帮助下努力创作。

1945年9月26日，这位伟大的音乐家在纽约西部医院永远地离开了人世，留下了尚有17个小节没有完成的《第三钢琴协奏曲》。由于贫困，巴托克·贝拉的家属无力负担巴托克的丧葬费，最终巴托克的后事由"美国作曲家、作家和出版家联合会"协助完成。巴托克离世前还有两部尚未完成的作品，《第三钢琴协奏曲》由友人和学生蒂博·谢利根据略谱续成，《中提琴协奏曲》则由谢利根据草稿写了乐队总谱，普力姆诺斯对中提琴部分进行了校订。

在巴托克·贝拉去世后，人们按照对大音乐家的惯例，成立了"巴托克协会"，由友人和弟子收集他的资料并演出他的作品。然而，在第二次世界大战结束后，现代音乐受到高度重视，巴托克成为了公认的20世纪上半叶最伟大的作曲家之一。他的节目登上了众多演奏会的节目单，他的传记和对他的研究也陆续出版。如果巴托克再多活10年，他会发现自己是一位多么受人欢迎的音乐家。

巴托克·贝拉在欧洲动荡不安和生活拮据艰难的岁月中度过了一生，但是他始终保持着冷静的态度和坚强的意志，并通过艰苦的努力探寻音乐的本质，最终达到了极高的艺术境界，为人类留下了无数珍贵的艺术瑰宝。时至今日，巴托克的众多作品还会在音乐会上奏响，带给人们听觉的享受和心灵的悸动。就如同巴托克在1931年所言，他真的做到了"我将尽我所能，在我的音乐中为这一理想（人类的友爱）而奋斗。"

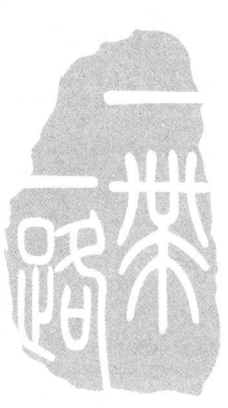

不慕虚名的大提琴大师

——亚诺什·斯塔克

亚诺什·斯塔克（1924—2013），美籍匈牙利大提琴家。出生在匈牙利首都布达佩斯的一个音乐之家。6岁开始学习大提琴，7岁进入布达佩斯李斯特音乐学院学习大提琴，10岁第一次上台演出，20岁入布达佩斯歌剧院与爱乐乐团任首席大提琴。1948年移居美国，并执教于布卢明顿印第安纳大学，先后任达拉斯交响乐团（1948—1949年）、纽约大都会歌剧院乐团（1949—1953年）、芝加哥交响乐团（1953—1958年）首席。1958年辞去芝加哥交响乐团职务，任印第安纳大学专职教授。斯塔克追求质朴、刚劲的演奏，具有高人的技巧。

大提琴家亚诺什·斯塔克被人尊称为"大提琴家中的海菲兹"。他的所有在市面上发行的演奏唱片的封面几乎都采用了他演奏时的照片。为何唱片公司会选用斯塔克那张其貌不扬的脸来当作唱片的"金字招牌"呢？他们看中的是斯塔克身上所独有的鲜明的艺术个性，而他在演奏时的专注神情最能够将他独特的个性和气质展现无遗。就如杰克·麦纳所言，"一个人的名誉是别人对他的看法，而个性才是他真正的面目"。斯塔克凭借他严谨而不张扬的个性和特立独行的艺术精神，成为人们心中具有独特鲜明个性的演奏大师。

01 少年成名的音乐神童

1924年7月5日，亚诺什·斯塔克出生在匈牙利首都布达佩斯一个颇有名望的音乐之家。他的父亲亚历山大是一位弦乐演奏家，在斯塔克年仅6岁的时候，他的父亲就递给他一把小型的大提琴，并告诉他，这就是他要学习的乐器。斯塔克的两个哥哥都学习了小提琴，或许他父亲递给他大提琴的初衷可能只是为了以后举行家庭室内乐演奏时能够不为缺少一件低弦乐器而犯愁，没想到这无心之举却为世界乐坛造就了一位伟大的大提琴大师。斯塔克7岁时进入布达佩斯李斯特音乐学院，跟随名师希弗尔学习大提琴。他的学习卓有成效，进度之快让所有人都大吃一惊。由于他出色的演奏技巧，在第二年，老师就建议他辅导低年级的同学练琴，于是 8 岁的斯塔克教了他人生中的第一个学生——一个 6 岁的小女孩。在这个时候，年幼的斯达克心中就已经拥有了一个强烈的愿望，那就是要让自己的演奏能够无人媲美。

1934 年，年仅 10 岁的亚诺什·斯塔克在首都布达佩斯举行了他的首次独奏音乐会，被国人惊奇地称赞为"神童"。但是他的父母并没有操之过急，反而鼓励斯塔克继续在音乐学院里扎扎实实地学些真本事。

20 世纪 40 年代，亚诺什·斯塔克从音乐学院毕业后，先后出任了布达佩斯歌剧院和匈牙利爱乐乐团的首席大提琴，而那个时候的他才年仅 20 岁出头。在闲暇之余，斯塔克有时会参加爵士乐队的演出，有时还会为吉卜赛合唱伴奏。这样不但可以让斯塔克的经济宽裕一些，而且对斯塔克来说也是一种消遣。斯塔克对于那些曾经在匈牙利咖啡馆里演奏过的曲子记忆犹新，并经常演奏给他的朋友，他最拿手的就是那些颤音和滑音。

02 / 三大乐团的首席大提琴

1945年,为了谋求艺术上的进一步发展,亚诺什·斯塔克决定离开自己的祖国。他先去了维也纳,随后抵达了法国巴黎。由于在巴黎难以找到工作,斯塔克还当过电影公司的临时演员。

1948年,亚诺什·斯塔克发行了他的首张唱片。24岁的斯塔克凭借一曲《独奏奏鸣曲》技惊四座,一举奠定了他大提琴技巧大师的地位。这首由匈牙利作曲家科达伊在1915年创作的《独奏奏鸣曲》,堪称大提琴曲目中的技巧之冠,在这首长达近半个小时的作品中几乎用尽了大提琴演奏的所有技巧,前所未有地开拓了这种乐器的表现手段和演奏音域。在这首曲子的唱片出版问世之后,很长一段时间里都让世上的大提琴家们望而却步。特别是作曲家为了表现乐曲中的匈牙利民族音乐的特征,指定了在演奏时要将大提琴的两根低音弦C弦和G弦都降低半音定弦,这让演奏家们更是面面相觑,无从下手。然而,面对这部"畏难之作",斯塔克在演奏时却显得那样得心应手,不仅在技巧繁杂之处如一马平川,更在风格内涵的表达上颇显独特的色彩。这个演奏大获成功,甚至博得了科达伊本人的赞赏。该曲的唱片一经推出就倾倒乐团上下,荣获了当年的唱片大奖。

随后,亚诺什·斯塔克来到了美国。斯塔克最终选择美国作为落脚点显然是受到了同胞指挥家多拉蒂的影响。多拉蒂早在30年代起就活跃在欧洲乐坛,长期在法国、德国和俄罗斯等地进行音乐指挥活动,并在1945年被任命为美国达拉斯交响乐团的首席指挥。多拉蒂很早起就密切关注斯塔克,十分欣赏他的才华,并力邀斯塔克加入他麾下的乐团。多拉蒂可以称得上是斯塔克一生的挚友,他懂得演出与录音的不同。斯塔克十分感激这位前辈的提携和栽培,于是接受了他的邀请,担任了达拉斯交响乐团的首席大提琴。

1949年,在多拉蒂任期届满离开达拉斯乐团时,亚诺什·斯塔克也离开了乐团。斯塔克沿着美国东海岸而上,来到了纽约。在大都会歌剧院乐队的考试中,斯达克一举中选,自此开始了他在大都会歌剧院乐队4年首席大提琴的演奏生涯。

1950年，亚诺什·斯塔克在纽约灌制了他的第一张LP唱片。在50年代，斯达克在纽约、阿姆斯特丹、伦敦、柏林、慕尼黑、东京、圣路易斯等城市演出，到处都留下了他的足迹。

1951年，亚诺什·斯塔克与水星唱片公司首次合作了第一张唱片，并与罗斯·科特和罗伯特·法恩共同合作。

1953年，亚诺什·斯塔克的才华受到了一位威震美国乐坛的同胞前辈赖纳的欣赏。随后，斯塔克追随赖纳来到了芝加哥，并出任了芝加哥交响乐团的首席大提琴。可以说，斯塔克的演奏风格在很大程度上是基于他在芝加哥的这段艺术经历，并逐渐形成的，赖纳指挥乐队时那种表面冷漠却又能够营造出起伏极大的戏剧效果的风格对他产生了很大的影响。在芝加哥交响乐团的5年中，斯塔克接受赖纳的这种艺术风格的耳濡目染，并在艺术实践中将这种讲究节奏精准和音调清晰的审美准则当作了自己的追求目标。人们在评价斯塔克的演奏时，往往会说他表情不丰富、不易于与观众交流，并把他称为"小提琴界的海菲兹"。其实，与其说斯塔克追求海菲兹的演奏风格，倒不如说他受赖纳的熏陶更加合适。

03 独尊艺术的音乐大师

1958年,亚诺什·斯塔克做出了他音乐生涯中最重要的两个决定:一个是他决定离开芝加哥交响乐团,另一个是他决定开始独奏,并打算重新开始教学工作。于是他南下来到了印第安纳州,并被任命为印第安纳大学的大提琴教授。这里明媚的阳光和淳朴的风情都让斯塔克深深沉醉,于是他在该州的布鲁明顿安居下来,一边从事教学工作,一边作为大提琴独奏家活跃在世界乐坛。同年,斯塔克被印第安纳大学评选为"杰出的音乐教授"。

作为著名的大提琴大师,斯塔克本可以通过制作唱片的方式来赚钱,但是他却没有和任意一家唱片公司建立长期关系。直到1962年,当水星唱片公司邀请他签订合同时,斯塔克欣然同意。在1962年至1964年间,斯塔克为水星唱片公司灌制了9张LP唱片,包括巴赫《独奏组曲》全集、《意大利奏鸣曲集》。虽然斯塔克拥有超凡的技艺,但从未被人视作"炫技派",他演绎的经典作品同样令人刮目相看。

以巴赫《独奏组曲》为例，亚诺什·斯塔克先后为不同的唱片公司录制的全集多达5次，纵然有卡萨尔斯、福尼埃等前辈的权威名作录制于前，但是斯塔克演绎的《独奏组曲》仍然有乐迷乐于欣赏和收藏他的唱片，因为他在演奏中塑造了一个有别于以往的巴赫。尽管斯塔克对卡萨尔斯满怀敬意，并认为他是"第一个在大提琴上达到了帕格尼尼在小提琴上所达到的高度，特别是他为我们重新挖掘出了6首巴赫的独奏组曲"，但是在表演风格上，他却不愿意追随大师的脚步，而是另辟蹊径，在演奏中更多地体现出"音乐之父"在成见陋习的包围下仍然坚定信念、不断求索的坚毅性格和外宽内执、气宇轩昂的高尚人格。

与卡萨尔斯那版相比，斯塔克的演绎为乐坛确立了一种新的审美标准，也就是在情感上更加的克制、客观，有灼灼其华，而无夭夭之态，无论是对精神的理解把握，还是在技巧的选用表现都是如此。对此，斯塔克曾经说过："以前的我更注重技巧的精准，总是尽力去追求完美。后来有一个阶段，我把重心放在作品结构和平衡上。现在的我不再那么关心技巧的完美，而是在作品中投入了更多的情感因素。"可以说，这是一种从有形到无形、从物我交融到物我两忘的演奏境界的升华。当然，斯塔克在录制巴赫的《独奏组曲》时，也曾经感到过孤独，最初斯塔克以为他要面对的主要问题是技术准确度，随后他认为结构和音色美才是问题所在，直到最后，他发现情感的一致性是最为重要的。与进行独奏时的孤独相对比，斯塔克更享受与指挥以及管弦乐队一起演奏时那种家庭般的氛围。

亚诺什·斯塔克的演奏以音质丰饶、清晰而著称，他的音乐中各种层次的表达是十分丰富的。斯塔克不赞同在演奏中大量使用幅度很大的揉弦，他认为这样一方面会影响音准，另一方面又会助长随意煽情的乐风。在长期的演奏生涯中，他推崇的是一种"创造激情，但自己不激动"的美学观。在他的音乐作品中，论情感之滥觞无忌当属舒曼，论色彩之绚丽撩人当属法兰西。但恰恰是在舒曼《A 小调协奏曲》、拉罗《D 小调协奏曲》、圣—桑《A 小调协奏曲》这 3 部最容易煽情的作品之中，我们听到的却是斯塔克张弛有度、外刚内柔的个性化演绎，丝毫感受不到任何矫情夸张的泛浪漫化倾向。斯塔克亲自为舒曼协奏曲第三乐章编写的华彩乐段同样质朴清纯,从乐章的主题生发而出,而非以炫技示人。他演奏的圣—桑、拉罗的协奏曲与大提琴名家相比可能缺少了几分温馨甜美之意,但却显得更加具有生机和棱角分明。

亚诺什·斯塔克在演绎巴洛克时期作品的时候,也不会拘泥于传统的表现形式,而是用他那丝质般柔滑透亮的音色令作品熠熠生辉、充满朝气。他曾分别录制了巴洛克时期的协奏曲、奏鸣曲专辑,重新激发了乐迷对这些尘封已久的作品的喜爱和热情。比如法国大提琴家和作曲家延森的《D大调协奏曲》,这首曲子无论是在风格上还是在旋律上都和莫扎特的《降E大调圆号协奏曲》十分相似,如果不是经过斯塔克的出色诠释,可能直到现在还是"养在深闺无人识"的古董。然而在斯塔克的手中,这首曲子得到重生,使蓬荜为之生辉,陋室得之溢香。

在60年代,亚诺什·斯塔克在一篇文章中谈到了现场演出与播放唱片的区别。他认为,在舞台上面,细小的技术失误可能会影响到整个大局。但是在唱片中,反复的欣赏会让人们加大技术上或者音乐上的错误程度。于是,停顿就变成了无声的死寂，而不是演员与观众之间近乎神圣的心灵感应。在舞台上十分重要的手势，在唱片中都被全部取消。与之相伴的是未加控制的速度，不精确的强弱度，构思上的错误以及缺乏统一性的结构。

亚诺什·斯塔克使用的大提琴是一把1706年的名琴，它是由一位名为马特奥·格里弗勒的威尼斯制琴家制作的。这把琴的名字英文译名为"明星"（Star），与斯塔克的姓氏（Starker）不谋而合，或许天意也暗示了些什么。

除了大提琴独奏外，亚诺什·斯塔克还是一位非常活跃的室内乐演奏家。他曾经和捷克的小提琴家苏克以及美国的钢琴家卡钦组成钢琴三重奏，并在欧美举行巡回演奏，一直到1969年卡钦去世时为止。作为一位深有造诣的大提琴艺术家，斯塔克曾经对巴赫的《独奏组曲》作了校订。为了帮助那些年轻的学琴者能够进一步提高充实自己的演奏技艺，斯塔克亲自动手编写了一套大提琴教材。此外，斯塔克是当代作曲家海登所作的大提琴协奏曲的受献者和首演者。1968年，曾经为海菲兹创作了小提琴协奏曲的罗饶也将自己新作的大提琴协奏曲献给了斯塔克。

亚诺什·斯塔克为人正直清高，从不作哗众取宠之举，崇尚特立独行的艺术精神是他的人格准则。或许正是由于他这种宁折不屈的个性，才使得他敢于在日益商业化的乐坛始终保持自己的操守和信念。他敢于恃才傲物，不屈服于合作者的威名权势。早年斯塔克曾经与费城管弦乐团的首席指挥尤金·奥曼迪发生过艺术纠纷，从此终生不与之为谋。对于卡拉扬、伯恩斯坦这样的乐坛泰斗，他也因为音乐见解的不同而拒绝与柏林爱乐乐团、纽约爱乐乐团这样的顶级交响乐团合作。在斯塔克心中，他最为推崇的表演艺术家是克莱勒斯、海菲兹、西盖蒂和著名女高音歌唱家卡拉斯，而在他们身上，或多或少都有那么一股子斯塔克式的傲劲，因此惺惺相惜也就不足为奇了。

1998年，亚诺什·斯塔克获得格莱美最佳器乐独奏奖。

1999年，在亚诺什·斯塔克75岁生日的庆祝会上，由罗斯特罗波维奇担任指挥，斯塔克和他的女婿、克利夫兰交响乐团首席小提琴手共同演奏了勃拉姆斯的双协奏曲。

2001年后，亚诺什·斯塔克开始逐渐减少了教学活动，闲暇之余，他会与长期搭档的钢琴家练木繁夫，以及他的女婿、女儿和外孙女共同进行演奏。

随着卡塞尔思、福厄曼、福尼埃、皮亚蒂戈尔斯等前辈大师的谢世,亚诺什·斯塔克与罗斯特罗波维奇并称20世纪大提琴领域最德高望重的两大重镇。面对无数的赞誉,斯塔克曾经谦虚地说:"我认为自己是个职业演奏家,正因为如此就更不允许自己随随便便地对待一部作品。哪怕是自己的身体不好,在台上也一定要演奏好。听众看得起我,来听我的音乐会,我就应该满足他们的要求。"此言当真朴实无华,就像斯塔克朴实的人生一样。

2013年,这位独尊艺术的音乐大师永远地离开了我们,留给我们无数珍贵的艺术瑰宝。如今,我们仍然能够在他的唱片中领略到动人的乐章,感悟他那与众不同的艺术风格,学习他那朴实无华的艺术精神,回忆他那光辉璀璨的艺术人生。

伟大的计算机之父
——约翰·冯·诺依曼

诺贝尔物理学奖得主汉斯·贝特曾经惊叹约翰·冯·诺依曼拥有一个令人难以置信的神奇大脑，他说："我有时在思考，一个像冯·诺依曼这样的大脑，是否暗示着有比人类更高级的生物物种存在。"

约翰·冯·诺依曼（1903—1957），匈牙利犹太人，后入美国籍。20世纪最杰出的数学家之一，被西方人誉为"计算机之父"。出生在匈牙利布达佩斯一个富裕的银行主家庭。冯·诺依曼从小聪颖过人，兴趣广泛，一生掌握了7种语言。1911—1921年，冯·诺依曼在布达佩斯的卢瑟伦中学读书期间，就在老师的指导下发表了第一篇数学论文，1921—1923年在苏黎世大学学习，1926年以优异的成绩获得了布达佩斯大学数学博士学位，1927—1929年冯·诺依曼相继在柏林大学和汉堡大学担任数学讲师。1930年接受美国普林斯顿大学客座教授的职位，1931年成为普林斯顿大学的第一批终身教授，1933年转到该校的高级研究所，并在那里工作20余年，直至去世。他是美国国家科学院、秘鲁国立自然科学院和意大利国立林且学院等的院士。1954年他任美国原子能委员会委员；1951年至1953年任美国数学会主席。他在计算机逻辑结构设计上起到了关键性的作用，提出了"程序内存式"设计思想成为计算机设计的基本原则，他也因此被称为"计算机之父"。他不仅在计算机领域，而且在数学、化学、物理、经济等多个领域他都有杰出的贡献，是最伟大的全才之一。

01 / 神奇的天才少年

古老而美丽的布达佩斯被誉为"多瑙河上的明珠"，在这里曾孕育出一批伟大的天才人物，而约翰·冯·诺依曼就是其中的佼佼者。1903 年 12 月 28 日，冯·诺依曼就出生在这里的一个富裕的犹太家庭。冯·诺依曼的父亲麦克斯是布达佩斯一位年轻有为的银行家，他十分勤劳聪慧，而且善于经营。冯·诺依曼的母亲是一位贤惠温顺的妇女，而且受过良好的教育。

约翰·冯·诺依曼从小就展现出惊人的数学天分。传闻他兴趣十分广泛，拥有过目不忘的本领，在吸收知识和解题方面的速度也十分惊人。据说，在冯·诺依曼6岁的时候，就能够通过心算做8位数的乘除法，而且能用古希腊语与父亲进行交谈。冯·诺依曼一生一共掌握了7种语言，其中他最擅长的就是德语，在他用德语进行各种思考的时候，又能够以阅读的速度将之翻译成英语。在冯·诺依曼8岁的时候，他就学习并掌握了关于无穷小量的数学分析——微积分。在冯·诺依曼10岁的时候，他曾经花费数个月读完了一部多达48卷的世界史，而且可以对当前的事件和历史事件进行对比，分析其中的军事理论和政治策略。1913年的夏天，银行家麦克斯登出了一则启事，他愿意用高于10倍的薪酬来为他的长子冯·诺依曼聘请一位家庭教师。尽管这则启事十分诱人，令无数的人怦然心动，但是没有人敢去教导这位全城皆知的神童。在冯·诺依曼12岁的时候，他就读懂并领会了波莱尔的大作《函数论》的要义。

1914年，年仅11岁的约翰·冯·诺依曼就被送入了正规学校进行学习。同年7月28日，奥匈帝国向塞尔维亚宣战，自此揭开了第一次世界大战的序幕。因为战乱的缘故，冯·诺依曼全家曾多次离开匈牙利，但这丝毫没有影响到他的学业，他的成绩一直名列前茅。不到一个学期，数学老师就不得不联系冯·诺依曼的父亲，因为他的数学水平已经无法满足冯·诺依曼的需要，同时老师把冯·诺依曼推荐给了一位布达佩斯大学的数学教授。冯·诺依曼的父亲感到十分高兴，自此冯·诺依曼一边跟班学习，一边接受数学教授的辅导。然而几年过后，冯·诺依曼的水平又超过了数学教授，并开始触及集合论与泛函分析，这个在当时最新的数学分支。此外，他还阅读了大量历史和文学方面的书籍。临毕业时，不到18岁的冯·诺依曼就与数学教授菲克特联名发表了他人生中第一篇数学论文，这篇论文是关于车比雪夫多项式求根法的菲叶定理推广，而此时的他已经被人们当作数学家对待了。

随后，约翰·冯·诺依曼成为布达佩斯大学数学系的学生，但他并不听课，而是每年都按时参加考试。这种学习方式十分特殊，甚至在整个欧洲看来也是十分不合规矩的，但这是格外适合冯·诺依曼的方法。在此期间，他的足迹遍布欧洲各地。1921年，冯·诺依曼进入柏林大学学习，并得到著名化学家弗里德·哈伯的悉心指导。

1923年，约翰·冯·诺依曼进入瑞士苏黎世联邦工业大学学习，主要研究方向是化学，在此期间，冯·诺依曼经常利用空闲时间钻研数学，撰写文章，并和数学家进行通信。同年，冯·诺依曼发表了一篇关于集合论中超限序数的论文，并在文中声明"本文的目的是将康托的序数概念具体化、精确"。这篇论文显示出冯·诺依曼在处理集合论问题时具有特别的方式和风格，他把集合论加以公理化，他的公理化体系奠定了公理集合论的基础。他从公理出发，并用代数的方法导出了集合论中许多重要的概念、基本的运算、重要的定理等，如他对于序数的定义在现在已被普遍采用。

对于约翰·冯·诺依曼，数学家乔治·波利亚曾说："他是唯一一个能够让我感觉教师地位受到威胁的学生。他的思维实在是太敏锐了。有一次我在苏黎世为研究生们演讲，当时冯·诺依曼也在听课。在那里我提出了一道我尚未证明的难题，冯·诺依曼什么都没有说，大概5分钟之后他举起了他的手。当我叫他的时候，他径直走向讲台，并在黑板上写下了这道难题的证明。自此以后，我开始对冯·诺依曼感到畏惧。"

1925年，约翰·冯·诺依曼在另一篇论文中指出，任何一种公理化系统中都存在着无法判定的命题。可以说，那时的他在论文中就已经预感到任何一种形式的公理系统所具有的局限性。对于这篇文章，著名的逻辑学家、公理集合论的奠基人之一弗兰克尔教授如此评价："我不能坚持说我已把文章中的一切都理解了，但我可以有把握地说，这是一件杰出的工作，并且透过它可以看到一位巨人。"

1926年，23岁的约翰·冯·诺依曼取得苏黎世联邦工业大学化学方面的大学毕业学位，获得化学工程师资格。同年，他还获得了布达佩斯大学的数学博士学位。冯·诺依曼不局限于纯数学的研究，他还把数学的知识应用到其他的学科当中去，这使得他具备了坚实的学术基础和广博的知识，为他后来从事计算机研究提供了坚强的后盾。当年轻的冯·诺依曼结束学生时代时，他已经可以在数学、物理、化学这三个学科的某些前沿领域中展开深入的研究了。

02 / 最年轻的终身教授

1926年,结束学生时代的约翰·冯·诺依曼来到哥廷根大学,并担任希尔伯特教授的助手。1927年至1929年,冯·诺依曼先后在柏林大学和汉堡大学担任兼职讲师,其间他发表了许多关于代数、集合论和量子理论方面的论文,如《关于希尔伯特证明论》《量子力学基础》《集合论的公理化》等。这时,冯·诺依曼在数学基础理论研究和集合论研究方面已经颇有名气了。

由于受到美国数学泰斗维伯伦教授的邀请,约翰·冯·诺依曼于1930年来到美国,并成为普林斯顿大学的客座讲师,不久后他就成为客座教授。同年,冯·诺依曼和玛丽达·柯维斯步入婚姻的殿堂,但这是一次失败的婚姻。

1932年,斯普林格出版社出版了约翰·冯·诺依曼的《量子力学的数学基础》,这是冯·诺依曼的主要论著之一,这本书初版为德文,随后又出了法文版、西班牙文版和英文版,至今仍是该领域的经典著作。

1933年，约翰·冯·诺依曼解决了希尔伯特早在1900年提出的23个问题中的第5个问题。同年，冯·诺依曼同爱因斯坦等大师一起，被聘为美国普林斯顿大学高等研究院的第一批终身教授，而年仅30岁的他是6位大师中最年轻的一位。高等研究院中汇集了众多的物理和数学人才，这里拥有浓厚的研究风气，满是思想火花的碰撞，高质量的研究成果层出不穷，冯·诺依曼在这里找到了施展自己才干的沃土，并在这里工作了一生。当然，冯·诺依曼不仅是普林斯顿大学高等研究院的终身教授，而且是宾夕法尼亚大学、哈佛大学、伊斯坦堡大学、马里兰大学、哥伦比亚大学和慕尼黑高等技术学院等校的荣誉博士，美国国家科学院、秘鲁国立自然科学院和意大利国立林且学院等的院士。

1936年到1940年间，约翰·冯·诺依曼发表了多篇关于非交换算子环方面的论文，这些论文可谓20世纪分析学方面的杰作，它们的影响一直持续至今。

1938年，约翰·冯·诺依曼与克拉拉·丹结婚，克拉拉跟随冯·诺依曼学习数学，后来成为一名优秀的程序编制家。众所周知，冯·诺依曼家里经常举办时间持续很长的社交聚会，前来参加聚会的大多是当时科学界一流的人物，在那里人人都会感到一种学识和智慧不时碰撞的氛围。关于聚会，有一则趣闻。在一个数学聚会上，有一位年轻人十分兴奋地找到了冯·诺依曼，并向他请教一道数学题。冯·诺依曼只是随便看了看，很快就告诉了他正确答案。年轻人十分高兴，向冯·诺依曼请教这道题的简便算法，并向他抱怨其他数学家用无穷级数求解的繁琐。冯·诺依曼摇了摇头，说："你误会了，我就是用无穷级数算出的。"由此可见冯·诺依曼惊人的心算能力。

1940年对于约翰·冯·诺依曼来说是一个重要的转折点。在那之前，他主要从事数学的研究，侧重对集合论的公理化、量子力学的数学基础、算子环理论、各态遍历定理等方面进行研究，因此他可以称之为一位通晓物理学的数学家。而在1940年后，因为长期对于物理数学问题的钟情，以及当时社会的需要，冯·诺依曼开始转变工作的重心，开始关注把数学应用到物理领域的最主要工具——偏微分方程，此外他还把非古典数学应用到两个新的领域：对策论和电子计算机，他也因此转变身份成为一位牢固掌握纯粹数学的应用数学家。

随着第二次世界大战的爆发，约翰·冯·诺依曼因为战事的需要开始研究可压缩气体运动，并建立冲击波理论和湍流理论，他应召参与了许多军事科学研究计划和项目，先在马里兰阿伯丁试验弹道研究实验室、洛斯·阿拉莫斯实验室担任顾问，后又参与陆军特种武器设计委员会、美国空军华盛顿科学顾问委员会、原子能技术顾问小组等，甚至还担任了导弹顾问委员会主席。

1944年，约翰·冯·诺依曼和摩根斯特思合作出版了《博弈论和经济行为》，这本书标志着现代系统博弈理论的初步形成，可以称之为这方面的奠基性著作。书中关于某些经济理论基本问题的讨论，引起了对经济行为和某些社会学问题的各种不同研究。时至今日，它已经发展成为应用广泛的一门数学学科，有些科学家颂扬它为"20世纪前半期最伟大的科学贡献之一"，冯·诺依曼也因此成为数理经济学的奠基人之一。

关于《博弈论和经济行为》，还有一则趣闻。据说某一天，心神不宁的约翰·冯·诺依曼被同事拉上了牌桌。他一边打牌，一边还在思索他的课题，也因为如此，冯·诺依曼输掉了10元钱。赢钱的同事也是一位数学家，为了捉弄冯·诺依曼，他用赢的钱买了一本冯·诺依曼的《博弈论和经济行为》，并将剩下的5元钱贴在了该书的封面，以此来表明自己战胜了"博弈论之父"，这着实让冯·诺依曼感觉"好没面子"。

03 / 伟大的计算机之父

1946年2月14日，世界上第一台电子计算机在美国被研制成功，这台机器的名字叫作"ENIAC"（埃尼阿克），也就是"电子数值积分和计算机"的英文缩写。这台计算机是个庞然大物，它被安装在一排高达2.75米的金属柜中，占地面积约达170平方米，总重量多达30吨。在ENIAC内部安装了近18000只电子管，7000多只二极管，6000个开关和1万多只电容器，有50多万个电路的焊接点，机器的表面布满电线、电表和指示灯。

ENIAC 采用穿孔卡输入输出数据，每分钟可以输入 125 张卡片，输出 100 张卡片。它的运算速度可达 5000 次加法/秒，可以在 3/1000 秒内做完两个 10 位数乘法。比如一条炮弹的运行轨迹，它在 20 秒内就能算完，比炮弹本身的飞行速度还要快。虽然 ENIAC 取得了巨大的成功，但是它存在致命的缺陷，就是程序与计算的两分离。指挥近 18000 只电子管"开关"工作的程序指令，被存放在机器的外部电路里。因此，需要计算某个题目前，必须把数百条线路进行手动接通，就像电话接线员那样工作好几个小时甚至好几天，才能够进行几分钟的运算。而在 ENIAC 投入运行前，冯·诺依曼就已经意识到了这个问题。

冯·诺依曼与计算机的缘分始于 1944 年。当时他参加原子弹的研制工作，但这项工作涉及极为复杂困难的计算，为此他所在的实验室专门聘用了 100 多名女计算员，利用台式计算机从早算到晚，但还是远远不能满足需求。被计算机问题所困扰，冯·诺依曼在一次偶然的机会中得知了 ENIAC 计算机的研制计划。那是 1944 年夏，冯·诺依曼有一天正在火车站候车，碰巧遇到了美国弹道实验室的军方负责人戈尔斯坦，当时他正在参与 ENIAC 计算机的研制工作，通过和他交谈，冯·诺依曼得知了 ENIAC 的研制情况。

约翰·冯·诺依曼被这一研制计划深深吸引，具有远见卓识的他意识到这项工作的深远意义。经戈尔德斯廷中尉介绍，冯·诺依曼参加了 ENIAC 研制小组，他在发现 ENIAC 这台机器致命的缺陷后，决定对电子计算机进行脱胎换骨式的改造，于是便带领着一批富有创新精神的年轻科技人员向着更高的目标努力。

1945 年，约翰·冯·诺依曼起草了一份新的报告，并把它命名为"离散变量自动电子计算机"（英文缩写是"EDVAC"）。1945 年 6 月，冯·诺依曼与戈德斯坦、勃克斯等人以"关于 EDVAC 的报告草案"为题，联名发表了一篇长达 101 页的总结报告,这就是计算机史上著名的"101 页报告"。报告广泛又具体地介绍了制造电子计算机和程序设计的新思想，它一经发表就引起学术界的轰动，可以称之为计算机发展史上一个划时代的文献，正是它宣告了电子计算机时代的到来。普林斯顿大学高等研究院也因此批准让冯·诺依曼开始研究制造电子计算机。

在关于 EDVAC 的报告中，约翰·冯·诺依曼明确提出了计算机的 5 个组成部分，分别是：运算器、逻辑控制装置、存储器、输入和输出设备，并描述了这 5 个部分各自的功能和彼此间的相互关系。

EDVAC 有两个非常重大的改进。一方面，约翰·冯·诺依曼建立了存储程序，这样数据和指令就可以一起放在存储器里，并作同样处理。这是一个十分伟大的杰作，程序设计员只需在储存器中寻找运算指令，机器就会自动一条接一条地依次执行，再也不需要接通那么多庞杂的线路，进而大大提高了运算进程。另一方面，就是采用了二进制这个十分伟大的设计思想，冯·诺依曼根据电子元件双稳工作的特点，建议在电子计算机中采用二进制，以充分发挥电子器件的工作特点，使结构紧凑而且更加通用化。冯·诺依曼在报告中提到了二进制的优点，同时他预言，采用二进制将大大简化机器的逻辑线路。

实践证明了约翰·冯·诺依曼预言的正确性。现如今，逻辑代数的应用已经成为设计电子计算机的重要手段，在

EDVAC 中采用的主要逻辑线路被一直沿用着，只是对实现逻辑线路的工程方法和逻辑电路的分析方法进行了改进。

第二次世界大战结束后，莫尔小组发生了分裂，EDVAC 的研制被终止。

1946 年 6 月，约翰·冯·诺依曼和戈德斯坦、勃克斯回到了普林斯顿大学高等研究院，完成了另一台 ISA 电子计算机（ISA 是高等研究院的英文缩写）。冯·诺依曼的回归让一向冷清的研究院沸腾了起来，大批专业人才慕名而来，一时间，普林斯顿大学高等研究院成为美国电子计算机的研究中心。在研制 ISA 的时候，他们又提出了一个更加完善的报告《电子计算机逻辑设计初探》，这两份又有理论又有具体设计的方案，让全球都掀起了一股"计算机热"，而它们的综合设计思想就是"冯·诺依曼机"，也就是有存储程序原则，这一概念已经成为电子计算机设计的基本原则。

在这种情况下，约翰·冯·诺依曼决定趁热打铁，在普林斯顿大学高等研究院着手将他的"101 页报告"付诸实践。1951 年，一直秘密研制的 EDVAC 计算机终于面世。这台凝聚着冯·诺依曼多年心血的计算机不仅可以应用于科学计算，还能够用于信息搜索等领域，而这主要源于冯·诺依曼设计的"存储程序"的功劳，是它让 EDVAC 的效率比 ENIAC 提高了数百倍。与此同时，EDVAC 只用了 3563 只电子管和 10000 只晶体二极管，通过 1024 个水银延迟线来存储程序和数据，同时它所需要的占地面积和电力只有 ENIAC 的 1/3。自 EDVAC 起，"冯·诺依曼机"的设计影响了一代代计算机，从这个意义上讲，冯·诺依曼是当之无愧的"计算机之父"。

1951 年至 1953 年，约翰·冯·诺依曼担任美国数学会主席。

1954 年，约翰·冯·诺依曼担任美国原子能委员会委员。

1955 年，约翰·冯·诺依曼被检查出患有癌症，但是他没有放弃工作。随着病势扩展，冯·诺依曼即使在轮椅上还继续思考，参加会议和演说。在他生命的最后几年，冯·诺依曼的思想仍然十分活跃，他综合早年对于逻辑和计算机的研究，把眼界扩展到一般自动机理论，并开始研究最为复杂的问题：怎样使用不可靠的元件去设计可靠的自动机，以及如何建造能自己再生产的自动机。通过研究他意识到计算机和人脑机制的某些相似,并将这些研究反映在演讲中。

1956年,冯·诺依曼获美国总统颁发的自由奖章和爱因斯坦纪念奖以及费米奖。然而,无情的疾病长期折磨着他,让他不得不终止所有活动。

在冯·诺依曼去世的前几天,当时肿瘤已经占据了他的大脑,但他的记忆力有时还是不可思议的好。有一天,斯坦尼斯拉夫·乌拉姆[1]坐在他的病床前用希腊语朗诵故事,冯·诺依曼还会纠正乌拉姆的错误发音。

1957年,约翰·冯·诺依曼在华盛顿的沃尔特·里德医院永远地闭上了双眼,享年53岁。同时,他未完成的手稿被编辑整理,并以《计算机与人脑》为书名在1958年出版。

回顾约翰·冯·诺依曼的一生,他在计算机领域所创造的成就令人瞩目,是当之无愧的"计算机之父";他在经济领域取得的突破性成就,被誉为"博弈论之父";他在物理

---

[1] 斯坦尼斯拉夫·乌拉姆是一位波兰出生的犹太数学家,以其在随机过程、数理逻辑以及核武器研究方面的贡献而闻名。1936年,乌拉姆应冯·诺依曼邀请访问美国,在普林斯顿高等研究院工作,后来两人共同在洛斯阿拉莫斯国家实验室从事曼哈顿计划的研究工作。

领域撰写的《量子力学的数学基础》被证明具有极其重要的价值……或许，就像人们所评价的那样，"如果说谁是在科学领域之间因为数学工作而辗转，而且在每做一份工作时都能在其领域应用数学并产生长远的影响的，冯·诺依曼可以说是有史以来最具有影响力的数学家"。相信历史会永远铭记这位伟大的全才。

11

超音速空气动力学之父
——冯·卡门

西奥多·冯·卡门（1881—1963），匈牙利犹太人，1936年入美国籍，20世纪最伟大的航天工程学家。出生于匈牙利布达佩斯的知识分子家庭，很小就表现出超常的数学运算能力，6岁时就能迅速报出5位数的乘法答案。1902年，冯·卡门在布达佩斯皇家理工综合大学完成了他的研究科目，获得硕士学位。1903—1906年，他留该大学任职，而且是一家发动机制造厂的顾问。这段时间，他还到德国哥廷根大学读博士学位，毕业后受邀在哥廷根大学从事教学和研究飞艇的工作，1911年他归纳出钝体阻力理论，即著名的"卡门涡街"理论。1912年，冯·卡门成为亚琛工业大学气动力研究所所长。第一次世界大战中服兵役4年，主要在奥地利的菲沙门德军用飞机制造厂做研究直升机的工作。1930年，冯·卡门移居美国，指导古根海姆气动力实验室和加州理工大学第一个风洞的设计和建设。1940年他和马利纳第一次证明能够设计出稳定持久燃烧的固体火箭发动机。1941年他参与创建美国制造火箭发动机的通用航空喷气公司。1947年，根据冯·卡门的构思而设计的X1火箭飞机终于首次突破了声障，把人类带入超声速飞行的时代。他开创了数学和基础科学在航空航天和其他技术领域的应用，被誉为"航空航天时代的科学奇才"。他所在的加州理工大学实验室后来成为美国国家航空和航天喷气实验室，我国著名科学家钱伟长、钱学森、郭永怀都是他的学生。

01 初展才华的天才少年

1881年5月11日，西奥多·冯·卡门出生在匈牙利首都布达佩斯。他的祖父是一位很有名望的犹太人。他的父亲莫里斯·卡门则是布达佩斯大学著名的教育学教授，因为在教育事业上取得的卓越成绩而被皇帝授予爵位，并赐予姓氏"冯"。当冯·卡门出生的时候，他的父亲已经贵为匈牙利国家教育局的秘书长。冯·卡门的母亲出身于书香世家，早在16世纪，母亲的家族中还培养出一个著名数学家。

西奥多·冯·卡门身为家中的第三个孩子，他还有三个兄弟和一个妹妹。聪慧的冯·卡门从小就显示出惊人的数学天赋。在冯·卡门 6 岁的时候，他就能够在不到一分钟的时间内，心算出六位和五位数字的乘法，而且在不久之后，他还通过自学掌握了百分比的运算。他的父亲对儿子的数学天赋感到惊奇，但为了让儿子全面发展，他采取措施抑制冯·卡门在数学方面的发展，让他更多地学习地理、历史、诗歌等人文科学知识。对此，冯·卡门十分感激自己的父亲，正是因为在童年摆脱了数学计算，他才能够一生都崇尚人文主义文明。

西奥多·冯·卡门的父亲启发了他对知识的好奇心，他经常会发出提问，比如"为什么落下的雨点有大有小？""为什么空气看不见？"在冯·卡门 8 岁时，他就已经能够讲出行星运行的图像。冯·卡门不止一次听父亲说过："人不仅有视觉，而且还有思想，这是人同动物最重要的差别。"因此，冯·卡门自小就喜欢仔细观察周围的世界，认真探索自然的奥秘。

1890 年，西奥多·冯·卡门 9 岁，进入被称之为"名人摇篮"的明达中学学习。这里曾经培养出了很多知名人士，其中就包括1943年诺贝尔物理学奖的获得者德赫维西。这里没有传统生硬的教育，而是用形象生动、循循善诱的方式来传授知识。老师会让学生把注意力放在他们周围的世界，发现并总结概括出那些在书本上记载着的规律。在这里，冯·卡门不仅懂得了科学规律的由来，而且还懂得了如何去传授他所学到的知识。

1898年，17岁的西奥多·冯·卡门以优异的中学成绩进入了当时匈牙利唯一的工科大学约瑟夫皇家工业大学。在一次很偶然的机会，冯·卡门发现有一种引擎在运转达到某一速度时，就会颤动起来并发出很大的噪声。他经过仔细观察和认真思索，认为这是因为阀门的开关与引擎的转动之间产生了共振，然后他将这一现象转化为一道数学题，并得出了圆满的解决办法。从事机械学研究的彭基教授对他的工作给予了很高的评价，而这次成功也大大地鼓舞了冯·卡门。

1902年，西奥多·冯·卡门在布达佩斯皇家理工综合大学（今称为布达佩斯技术与经济大学）完成了他的研究科目，获得硕士学位。毕业以后，冯·卡门在军中服役了一年。

1903年，西奥多·冯·卡门成为彭基教授的助教。跟随彭基教授的3年助教生涯让冯·卡门学到了很多实际设计知识，但他的兴趣依然还在基本现象的探索上。早在几个世纪前，著名的天文学家和数学家欧拉就已经解决了"弹性平衡的失稳问题"，也就是通常所说的"欧拉压杆问题"，但是在工程问题中，把压杆看成一个完全弹性体，这还只是一种粗糙的近似。冯·卡门经过一段时间的刻苦钻研，他运用十分复杂的数学方法基本解决了这一难题，这在他的同事中引起了很大的震动。

1906年，25岁的西奥多·冯·卡门获得了匈牙利科学院的奖学金，并来到了当时世界理论科学的中心哥廷根大学留学。那里也是近代流体力学的发祥地，被誉为"空气动力学之父"的路德维希·普朗特也在那里主持工作。在普朗特的指导下，冯·卡门充分利用那里良好的实验条件，对非弹性杆的弯曲现象进行了一系列研究，可以说这些工作成为以后飞机结构设计和建筑设计的重要依据。

1908年，西奥多·冯·卡门在哥廷根大学顺利通过了博士学位的答辩。不久之后，他巴黎的朋友就告诉他，"明晨5点，在郊外将要举行欧洲第一次两公里的飞行表演"。当时飞机刚发明不久，莱特兄弟试飞成功的消息传到欧洲，迅速在欧洲掀起了一阵"飞行热"。冯·卡门亲眼目睹航空先驱法尔芒又一次打破飞行纪录，给冯·卡门留下了十分深刻的印象，也让他对航空事业产生了巨大的兴趣。

同年，哥廷根大学寄来了聘请信，西奥多·冯·卡门的老师普朗特邀请他回去担任实验室的助手。冯·卡门十分高兴地接受了邀请，回去参与哥廷根第一个风洞的筹建和"齐波林"的设计。在冯·卡门的协助下，普朗特完成了德国第一批空气动力学实验。此外，冯·卡门还担任了哥廷根大学力学课程的试用教员。在当时，一些科学名家齐聚哥廷根，诸如爱因斯坦、希尔伯特、洛伦兹等大家经常出席讨论会，冯·卡门置身这些科学巨擘之中大开眼界。

1911年，西奥多·冯·卡门和玻恩进行合作，两位血气方刚的年轻人共同研究物质的微观结构，并得出了玻恩—冯·卡门晶体原子点阵结构模型。然而瑞士苏黎世的德拜已经用更为简单的模型解决了这一难题，而且他的论文早在几个星期前已经发表了，这个消息对两个年轻人来说简直是晴天霹雳，他们也因此没能获得"首创权"。

从1911年到1912年间，西奥多·冯·卡门的老师普朗特一直在研究涡流运动特性，他安排一名学生设计了一个水槽来观察圆柱体在稳定水流中各点受到的压力，但是经过测定发现，压力一直在波动而且无法稳定下来。起初普朗特以为是圆柱不圆或者水槽表面不光滑所引起的，没想到无论如何调整，波动一直存在。

这个现象引起了西奥多·冯·卡门的注意，他立即进行深入研究，一系列的实验表明，流水在圆柱后形成两排交叉的涡旋，随后冯·卡门通过数学分析，从理论上证明只有交叉排列的涡旋才是稳定的，这一发现在空气动力学上被称为"卡门涡街"。它的意义在于使人们了解如何利用物体的流线型来最大限度地减少阻力，是设计船舶、赛车、飞行器等的理论基础。现实生活中很多曾经令人不解的自然现象，比如说无线电发射塔、大烟囱及其他细长物体在中等风速下就会产生颤振，就是源自尾流中的交变涡流，也就是"卡门涡街"引起的。同时它也解释了为什么1940年一座建筑在八级大风的作用下急剧扭曲震动，并在不到一个小时的时间里崩塌。

尽管西奥多·冯·卡门在哥廷根大学取得了很多出色的成就，但他仍然还只是一个"试用教员"。曾经有一位学生好奇地问冯·卡门："试用教员是一种什么职位？"冯·卡门则幽默回答道："试用教员照样给学生讲课。不过，他永远不可能成为教授，除非他同教授的女儿结了婚。"正如冯·卡门所说，在当时的德国，教授这个科学宝座往往是岳父传给女婿，而不是父亲传给儿子。

02 / 声名鹊起的大学教授

1912年，西奥多·冯·卡门在朋友的推荐下来到了亚琛工业大学，他在亚琛工业大学工作了14年。

不同于其他严肃古板的教授和同学们保持着距离，风趣随和的冯·卡门总是能够和同学们打成一片，因为在他看来，教授和学生之间在学历和贡献上有所差别，但是并没有贵贱之分；教学是彼此相长的，因为通过教学不仅可以让学生们学到知识，还可以让教师受到学生们的启发，并在传授知识的过程中进一步深化自己的知识。

西奥多·冯·卡门经常会穿着一条沾有粉笔灰的背心，穿着没有熨烫过的裤子不修边幅地就进入教室，但是他所讲的课却一直深受同学们的欢迎。冯·卡门认为，要想讲授一门课，首先得把需要讲解的内容弄得一清二楚，然后再根据大部分同学的水平来进行讲解。他用简单而直观的方式来讲解问题，省略掉次要的细节，在复杂的问题中抽离出事物的要素，重点抓住问题的本质，这是他一贯的授课风格。在讲课的过程中，他会采用直观的图解和形象的比喻来进行讲解，把人们日常生活中经常见到的现象当作例子，令整个课堂都生气勃勃。有时候，这位教授还会故意出风头，他先引导大家掉入数学陷阱，然后再用巧妙的手法把大家解救出来，就如同变魔术一般，将枯燥的数学方程式变成了栩栩如生的木偶，活灵活现地在大家面前进行表演。此外，冯·卡门十分提倡自由讨论的民主学风，他鼓励大家围在一起聊天、下棋，当然更重要的是进行学术交流。

冯·卡门的家每逢周末必然宾客满堂，在这里可以听到不同国家的语言，洁白的桌布上也被写满了数学方程式，很多具有创造性的思想也在这种无拘无束的氛围中孕育而出。

在西奥多·冯·卡门教学的同时，他还兼任了企业的顾问，收入颇丰。曾经有一次，一个老板来向冯·卡门请教，在他的工厂中，有一台机器快要震坏了，但却怎么也找不到原因。冯·卡门很快就给出了解决方案：把齿轮旋转90度。问题很快被解决了，老板很高兴。可是没想到几天后，他拿着冯·卡门开出的账单诉苦："怎么把齿轮转了90度就需要我付这么多钱？"冯·卡门干脆地回答："如果你把齿轮转回去，那么我就把账单撕掉。"老板顿时哑口无言。

随着西奥多·冯·卡门的声名鹊起，他出任了亚琛空气动力研究所的所长，并在1922年到1926年间主持了3次国际应用力学会议，来自世界各地的著名科学家积极参会。后来这些会议演化为每4年举行一次的"国际理论和应用力学联合会"的例会，极大地促进了该学科的发展。

"湍流"问题直到现在仍然被称作流体力学中的最大难题，关于这道难题，西奥多·冯·卡门和师傅普朗特展开了友好的科学竞赛。早在1924年的会议上,冯·卡门就提出了"湍流"这个概念,并初步阐述了它的理论基础。在随后的会议上,普朗特通过把气体动力学理论的观点转用于这一问题上,这大大地简化了问题的描述。这项开创性的工作引起了冯·卡门的注意,他提出了一种新的理论。当时冯·卡门缺少实验数据,而且实验条件远不及自己的老师。于是他的老师普朗特把长期积累的实验资料都无私地告诉了冯·卡门。借助老师的数据,冯·卡门将实验数据画成了曲线,再通过曲线推导出数学表达式。

在西奥多·冯·卡门推导公式的工程中,还发生了一件趣事。有一天,冯·卡门和助手在忘我地计算公式,忙碌的两人根本没有发现时间飞快地流逝,当助手发现夜已经很深了,于是他们匆匆忙忙地去赶回家的最后一趟电车。而此时冯·卡门的大脑中仍然在进行运算,稀里糊涂地也跟着助手来到了车站。没想到冯·卡门突然来了灵感,感觉梦寐以求的数学公式正在自己的脑中形成,于是他立即趴在马上就要开动的电车车厢上写了起来。列车不敢开动,售票员只得大声催促,而此刻的冯·卡门根本无法停下来,一边恳求售票员再等一会，一边奋笔疾书，这些写在电车车厢上的公式就是后来十分著名的"紊流的力学相似原理"理论。后来他的助手告诉冯·卡门，为了抄录这些公式，他不得不每站都跳下车来。

1926年，西奥多·冯·卡门在国际会议上作了报告，题目就是《湍流中的力学相似原理》，并公开了他新发现的紊流对数定律。他的老师普朗特则让人报告了最新的实验数据。随后，普朗特从另一个不同的角度也得出了和冯·卡门同样的结论。如今，这个原理已经成为计算各种飞行器阻力的工具，而且在喷气式飞机、火箭的设计上都得到了广泛应用。

1929年，西奥多·冯·卡门受中国清华大学理学院院长叶企孙教授的邀请，首次访问了清华大学。冯·卡门认为航空工业和航空科学十分重要，并建议清华大学能够创办航空工程专业，开设航空讲座，他和清华大学之间还建立了十分良好的友谊。

1929年2月21日，西奥多·冯·卡门来到南京进行游历，当时名为《科学》的杂志是这样介绍冯·卡门的："近十余年来，凭其固有之流体力学基础，研究航空学之理论与实验，创建殊多……盖氏天资卓越，故所事无不精明也。平生酷爱东方文物，言及在其家中，辟有精室，专为陈列中国及日本珍玩器物之用。饮食亦嗜中国之调味……诚具东方民族之风。氏原籍匈牙利，尝谓其地景况及建筑物颇与中国相似云。"

1929年2月23日，西奥多·冯·卡门应邀在南京中央大学进行了演讲，题目是《航空业最近之进展》。在演讲中，冯·卡门回顾了航空业发展的历史，介绍了目前研究中面临的问题和困难，阐述了人工风洞的设计以及不断改进等问题，说明了航空学和各学科之间的关系，还告诉大家应该致力于纯粹科学的研究。为了表达对冯·卡门的欢迎，当天还举办了欢迎宴会。

然而，西奥多·冯·卡门的1929年中国之行并没有和中国航空专业的人才进行接触，他所提出的重视航空专业发展的建议也没有得到重视，这使中国航空业错过了一次难得的发展时机，中国航空业也因此付出了多达十几年的巨大代价。

03 / 享誉国际的航空大师

1930年，由于德国的政治形势不断恶化，西奥多·冯·卡门一家移居至美国，他成为加州理工大学古根海姆航空实验室主任。在冯·卡门的主持下，实验室每周都会举办研究例会，以便彼此间能够交流思想、共同解决问题。这种学术交流形式不仅令研究人员开拓了思路，还激发了他们的创造热情。与此同时，冯·卡门还热情欢迎其他著名学者来访，为实验室提供了宝贵的学习机会，大大地促进了实验室的工作进度。比如说，1936年英国著名的流体力学家豪沃思来访时，他与冯·卡门合作完成了有关湍流统计理论方面的论文；1937年戈尔茨坦也在这里完成了《流体力学现代发展》一书的校订；后来比奥特教授和冯·卡门合著了《工程中的数学方法》。

1935年，西奥多·冯·卡门参加了一次国际高速飞行会议，当时全世界很多著名的空气动力学家共同探讨了超声速飞行的可能性。冯·卡门意识到超声速飞行的重要性，因此一回到美国就向政府提出建立大型风洞、大力发展超声速飞行技术的建议。一开始冯·卡门的提议并没有受到重视，与此同时，德国和意大利都建立了高速大型风洞，大力发展涡轮喷气技术，并试制了喷气式飞机，这给美国空军带来了潜在的威胁。美国军用航空公司的首脑阿诺德将军意识到了问题的严重性，于是当冯·卡门向他提议建造大风洞时，他毫不犹豫地答应了。后来的事实充分证明了冯·卡门和阿诺德将军当初所作的决定无比正确，它对美国空军的建设发挥了重要作用。

1936年，当科学界普遍对火箭推进技术深表怀疑的时候，西奥多·冯·卡门却支持他的学生们研究这一课题，这个小组被称为"火箭小组"，后来这个小组演变为著名的加州理工喷气推进实验室，成为研究火箭喷气技术的一大中心。在冯·卡门的帮助和指导下，他们成功研制出飞机的火箭助推器。在这个小组成员中，其中有一位就是中国著名的科学家钱学森。在所有学生中，冯·卡门和钱学森的关系最为亲密。

钱学森刚到美国加州理工大学的时候，西奥多·冯·卡门正处于开创理论天体物理学的关键时期，钱学森也有幸得以参与其中。冯·卡门拥有惊人的物理洞察力，他可以将空气动力学的问题形象化，并找到问题的关键所在。钱学森拥有应用数学方面的天赋，他主要负责搞定论文的各项细节，两人分工明确，合作默契。冯·卡门擅长在众目睽睽之下解决问题，巨大的压力能让他更加兴奋而且才思泉涌。与之相反的则是钱学森，当着很多人的面他难以全神贯注地思考，而习惯把问题带回家，独自思考周全之后才会给出答案。

在钱学森准备博士论文的时候，冯·卡门给了他极大的支持，其中一个就是提出著名的"卡门—钱学森公式"的命题。这个命题由冯·卡门提出，由钱学森做出结果。它的原理就是对亚声速气流中空气压缩性对翼型压强分布情况的计算，其实这就是一种计算高速飞行着的飞机机翼表面压力分布情况的科学公式。正是这个公式第一次发现了：在可压缩的气流中，机翼在亚音速飞行时的压强和速度之间存在的定量关系。比如说，当飞机的速度接近每秒为350米时，空气的可压缩性会对机翼和机身的升力的影响究竟有多大？如果运用"卡门—钱学森公式"就能够回答这个问题，准确地说明其中的数量关系，并且能够通过实验进行证明。

1939年，西奥多·冯·卡门要求他的学生钱学森把两大命题作为他的博士论文的研究课题，从而建立崭新的"亚音速"空气动力学和"超音速"空气动力学。"卡门—钱学森公式"不仅帮助他解决诸多相关问题，而且准确地表达了其中量的关系，并且为实验所证明。

1937年，西奥多·冯·卡门第三次来到中国，他此次前来的目的主要是为中国建立一支空军，以此来抵挡日本的侵略。在此期间，他草拟了清华大学航空研究所计划，并在南昌航空机械学校进行了名为《改善飞机性能之途径》的演讲，坚定了中国发展空中力量的决心。虽然冯·卡门的这次中国之旅没有对中国的航天事业产生直接的影响，国民党政府发展空军的计划因日本的侵略而打断，但是他十分关心中国航天事业的发展，并在晚年的回忆录中写道："我坚信，中国已经摆脱了许多技术发展的束缚，一旦解决了面前的内政和外交问题，它的巨大科学潜力将会充分发挥出来。"正如冯·卡门所预见的那样,如今的中国科学事业已经取得了举世瞩目的巨大成就。

西奥多·冯·卡门除了带领实验室取得巨大成就外,还参与解决了不少工程难题。在20世纪30年代,他有一次接到通用电气公司的邀请,帮忙解决提高汽轮机效率问题。冯·卡门通过一系列研究,概括出在汽轮机特殊封闭的条件下蒸汽运动的物理模型,然后他提出了解决的办法:用扭曲叠合叶片来提高效率。后来,这种叶片被汽轮机行业广泛应用。与此同时,他在解决这个问题的过程中所提出的通过旋转机械的流体运动理论,随后在超音速飞行上也得到了应用,成为了扩大喷气涡轮发动机进气量和加快转速方法的理论依据。此外,冯·卡门参加了海尔天文台的大型反光望远镜的建设,他建议使用油膜来作为衬垫,以解决转动润滑的问题,进而能够让这个坐落在巴洛马山上重达425吨的庞然大物能够自主移动身躯,用它那直径达200英寸的大"眼睛"来仰望星空。

有一次,美国的大考里水坝产生了裂缝。当初在设计大考里水坝的时候,设计工程师们对水坝的强度进行了十分保险的计算，因此对水坝的安全十分具有信心。然而令他们没有想到的是，当水位不断升高，坚固的水坝竟然产生了多处裂缝，一时间危机四伏。这让工程师们十分疑惑和惶恐，他们立即请了一大批专家来查明原因，但是没有人能够解开裂缝之谜。在这个时候，有人向他们推荐了西奥多·冯·卡门。经过计算，冯·卡门指出，水坝的应力超过了它所能够承受的弯曲强度的极限，因此水坝出现裂缝一点也不奇怪。对此，冯·卡门解释说："在我看来，大坝并非坚固的土石方，只不过是一块薄板而已。"对于这个难题，冯·卡门给出了解决方案：他要求土木工程师们对大坝弯曲的部分重新按薄板条件进行计算，就像处理飞机的薄板机身那样，在大坝最薄弱的部位外加支撑筋，以此来提高抗弯强度。他们采纳了冯·卡门的建议，于是美国这座巨大壮观的水坝直到现在也安然无恙。

1944年，西奥多·冯·卡门被任命为美国陆军航空队的科学顾问组组长，负责评价航空研究和发展的趋势，为空军准备有关科学技术事务的特别报告。随后，冯·卡门率领顾问团前往德国进行秘密调查，摸清了德国火箭技术的水平，并在返回后提交了一份名为《我们在何处》的考察报告，认真对比美国和德国在战争期间的科学发展水平，指出美国已具有研制6000英里射程的导弹的能力。

1945年，西奥多·冯·卡门又拿出了名为《通向新地平线》的报告，报告的主要观点就是"科学是掌握制空权的基础"。这份报告被誉为"美国空军的蓝图"，报告中的很多建议都得到了很好的贯彻落实。如1947年成立了超声速无人驾驶飞机发展中心，1948年成立了名为"兰德公司"的智囊机构，1952年成立了阿诺德工程公司，1957年又成立了国家原子能委员会，后来，美国国防部还成立了研究计划的高级机构。

20世纪50年代，西奥多·冯·卡门分别在巴黎和哥本哈根主持了两次国际航空会议，还创建了国际宇航科学协会，极大地推动了国际宇航事业的发展。

年过七旬以后，西奥多·冯·卡门仍然频繁地周游各国，辗转在巴黎、罗马以及其他欧洲城市之间，积极地参加会议，与学界、军界和企业界的人物进行有关科技发展的研究和商谈。

1963年2月18日，为了表彰西奥多·冯·卡门的杰出贡献，美国白宫举办了隆重的授勋仪式。鉴于冯·卡门在科学、技术及教育事业等方面的卓著贡献，美国国会授予他"国家科学勋章"。

同年，老人去世在去亚琛的路上，并葬在帕萨迪娜。在他送葬的队伍中，有中国人、日本人，也有欧洲人、犹太人；有伊斯兰教徒，也有基督教徒；有军事将领，也有知名科学家……现在，科学技术得到了迅猛发展，然而像西奥多·冯·卡门那样在航天技术领域中独领风骚之人已如凤毛麟角，为数不多了。回顾冯·卡门的一生，充满着传奇的色彩，荣获了象征美国最高荣誉的勋章，是当之无愧的"超音速空气动力学之父"。

后　记

"一带一路"相关国家众多，代表性人物众多，为中外交好、民心相通作出杰出贡献的人士众多。因此，为"一带一路"璀璨群星立传，既使命光荣，又责任重大。在这项浩大工程的策划、组织、执行过程中，有许许多多的志士参加了有关传主的名单征集和审定，以及写作、翻译、审读、编辑、出版、筹资、联络等繁重而琐细的工作。所有参与的人员，以拳拳报国之心、尽深厚学养之力，克服了时间紧、任务重、要求高、压力大等诸多困难与挑战，最终圆满完成了任务。在本书付梓之际，丛书编委会特向参与本项目的全体同志致以崇高敬意和衷心感谢！

同时特别需要鸣谢的是，提出策划并领导实施此项目的中国传记文学学会会长王丽，基于长期法律实务经验和担任"一带一路服务机制"主席职务的便利，她对相关国家和走出去的"一带一路建设者"以及广大青少年的需求了解真切,提出应当为他们写一套介绍各国典型人物的简明易读的传记,为他们提供健康的精神食粮。她把这项"额外"的工作当成了事业,不惜四处奔走筹集经费、苦口婆心招揽作者、精心挑选传主名录、夙夜青灯挥笔写作、近乎偏执逐字推敲、亲力亲为呕心沥血。面对如此浩大的出版项目和繁重的出版任务,中国出版集团华文出版社、中联部当代世界出版社、五洲传播出版社三家出版社携手毅然承担了出版任务,努力将该传系图书列入国家的重点出版工程,以高质量的编辑和装帧,确保了这套百卷丛书的国家级水平。在此,我们特向这三家出版社的相关领导和编辑们致以崇高敬意和衷心感谢!

尤其让我们感动的是,在项目执行过程中,一些富有家国情怀的民间商会和企业家的慷慨解囊,虽不足以支撑项目的全部费用,但是他们所表现出的热心和支持,让我们坚定了走下去的信心和决心,特向他们的拳拳报国之心和慷慨无私帮助致以崇高敬意和衷心感谢!

一项伟大的事业,离不开许多默默无闻的奉献者。在

后记

本传系的组织、编写、出版过程中，有历史、文学、科研、外交、教育、法律、翻译、出版等领域的数百位专业人士参与，恕不能在此处一一详列。需要特别提出的是，鞠思佳、李华华、景峰等同志为组织联络、搜集资料到处奔波而毫无怨言，唐得阳、唐岫敏、白明亮、谭笑、曹越等同志在编写、翻译和编辑、校对过程中的细致与负责让我们感动，赵实、胡占凡、高明光、吴尚之、刘尚军、李岩、王灵桂、李永全、陈晓明、许正明、宋志军、丁云、关宏等同志睿智的指点和专业的帮助让我们避免了许多弯路。在此，我们特向以上各位同志致以崇高敬意和衷心感谢！

当然，由于我们水平所限，本丛书难免有某些不尽如人意和瑕疵之处，敬请学界专家和各位读者不吝赐教，我们将在作品再版之时吸收完善。在此，我们也向各位读者提前表示崇高敬意和深深感谢！

"'一带一路'列国人物传系"编委会

2023 年 3 月 28 日